天下文化
BELIEVE IN READING

科學文化 213

人類大歷史

知識漫畫

Sapiens

A Graphic History

3 歷史主宰

The Masters of History

BY YUVAL NOAH HARARI
DAVID VANDERMEULEN, DANIEL CASANAVE

哈拉瑞／著　范德穆倫／合著　卡薩納夫／繪圖
林俊宏、顏志翔／合譯

The Authors
Creation and co-writing: Yuval Noah Harari
Adaptation and co-writing: David Vandermeulen
Adaptation and illustration: Daniel Casanave
Colors: Claire Champion

Albin Michel
Editor: Martin Zeller
Editing and coordination: Lauren Triou, Agathe Camus

Sapienship Storytelling
Production and management: Itzik Yahav
Management and editing: Naama Avital
Marketing and PR: Naama Wartenburg
Editing and coordination: Ariel Retik, Guangyu Chen
Research: Jason Parry, Jim Clarke, Zichan Wang, Corinne de Lacroix, Dor Shilton
Translation and editing: Adriana Hunter
Diversity consulting: Adi Moreno
www.sapienship.co

Cover design: Hanna Shapiro
Cover illustration: Daniel Casanave

Adapted – under the coordination of Sapienship and Albin Michel Publishing (France) – from *Sapiens: A Brief History of Humankind*, by Yuval Noah Harari.
First edition published in Hebrew in 2011 by Kinneret, Zmora-Bitan, Dvir.
First Complex Chinese edition 《人類大歷史：從野獸到扮演上帝》
published in 2014 by Commonwealth Publishing Co., Ltd.

要掌握歷史，

需要的不是牢記過去，

而是從中解放。

—— 哈拉瑞

大歷史年表

（距今年代）

138 億年	物質和能量出現。物理學之始。 原子和分子出現。化學之始。
45 億年	地球形成。
38 億年	生物突現。生物學之始。
600 萬年	人類和黑猩猩最後的共祖。
250 萬年	人類在非洲演化。使用石器。
200 萬年	人類由非洲擴張至歐亞大陸。 演化為不同人類物種。
40 萬年	尼安德塔人在歐洲和中東演化。時常用火。
30 萬年	智人在非洲演化。
7 萬年	認知革命。出現說虛構故事的行為。 歷史學之始。智人擴張到非洲以外。
5 萬年	智人抵達澳洲各地定居。澳洲巨型動物絕種。
3 萬年	尼安德塔人絕種。智人成為唯一存活的人類物種。

1.5 萬年	智人抵達美洲各地定居。美洲巨型動物絕種。
1.2 萬年	農業革命。馴化動植物。智人開始永久定居。
5,000 年	出現最早的王國、文字和金錢。多神信仰。
4,250 年	出現最早的帝國：薩爾貢大帝的阿卡德帝國。
2,500 年	發明硬幣——普世通用的貨幣。 波斯帝國——普世的政治秩序。 印度的佛教——普世的教誨。
2,000 年	中國的漢帝國。地中海的羅馬帝國。基督宗教興起。
1,400 年	伊斯蘭教興起。
500 年	科學革命。人類承認自己的無知，開始取得前所未有的能力。 歐洲人開始征服美洲及各大洋。 整個地球形成單一的歷史競爭舞臺。資本主義興起。
200 年	工業革命：家族和社群被國家和市場取代。動植物大規模絕種。
現代	人類跨出地球疆域。 核武威脅人類生存。 生物逐漸由「智慧設計」形塑，而非天擇。
未來	「智慧設計」成為生命的基本原則？ 最早的非生物生命形式？ 人類成神？

第9章

歷史背後的那隻手

《全球演化生死鬥！》
最新一季全新上線！
看招，愚蠢的異教徒！
去死吧，邪惡的異教徒！

是誰在背後操縱著歷史？
誰會是全新一季的優勝者？
誰是真正的歷史操弄大師？

1291年，阿卡圍城戰（Siege of Acre）

是誰在背後操縱著歷史？
歡迎大家來到全新一季的《全球演化生死鬥！》
本季將會揭曉，究竟是誰在背後操縱著歷史！
啪！
啪！
啪！
啪！
啪！
介紹評審之前，讓我們把現場交給在費城直播的阿強，由他來帶我們回憶上一季的前情提要。大家稍安勿躁！

晚安，希羅達！大家可以看到，我們的現場還有漢摩拉比國王與美利堅共和國的建國者！
還不就你命好！
阿強，看起來那裡情況有點緊張，是嗎？
那可不！
要是大家還記得，這兩方朋友已經讓我們看到，建構人類社會的基本原則可以多麼截然不同……
但最後到底哪一種會獲勝？是階級制還是平等制？
太棒了！就請阿強在現場為我們繼續關注最新發展！
我們把鏡頭轉向法拉。
法拉，你在嗎？
嗨！希羅達！
你那裡看起來有點眼熟啊，法拉！
沒錯，我所在的位置就是市政府的服務臺！
我們的官僚朋友已經讓我們瞭解到，官僚制度對於大型社會有多麼重要！
但可不是人人都領情，對吧？
像是在我右手邊這位來賓，就覺得官僚制度完全沒道理，他相信的是神話故事。至於我左手邊這位長官……
你是瘋了吧！
你給我學會怎麼填G-64表格就對了！守點規矩！你這個社會底層的傢伙！
好霸氣，我喜歡！又能看到另一場歷史重大衝突了。說到衝突……彼得，你聽得到我說話嗎？你在哪裡？！
我在阿卡的現場！

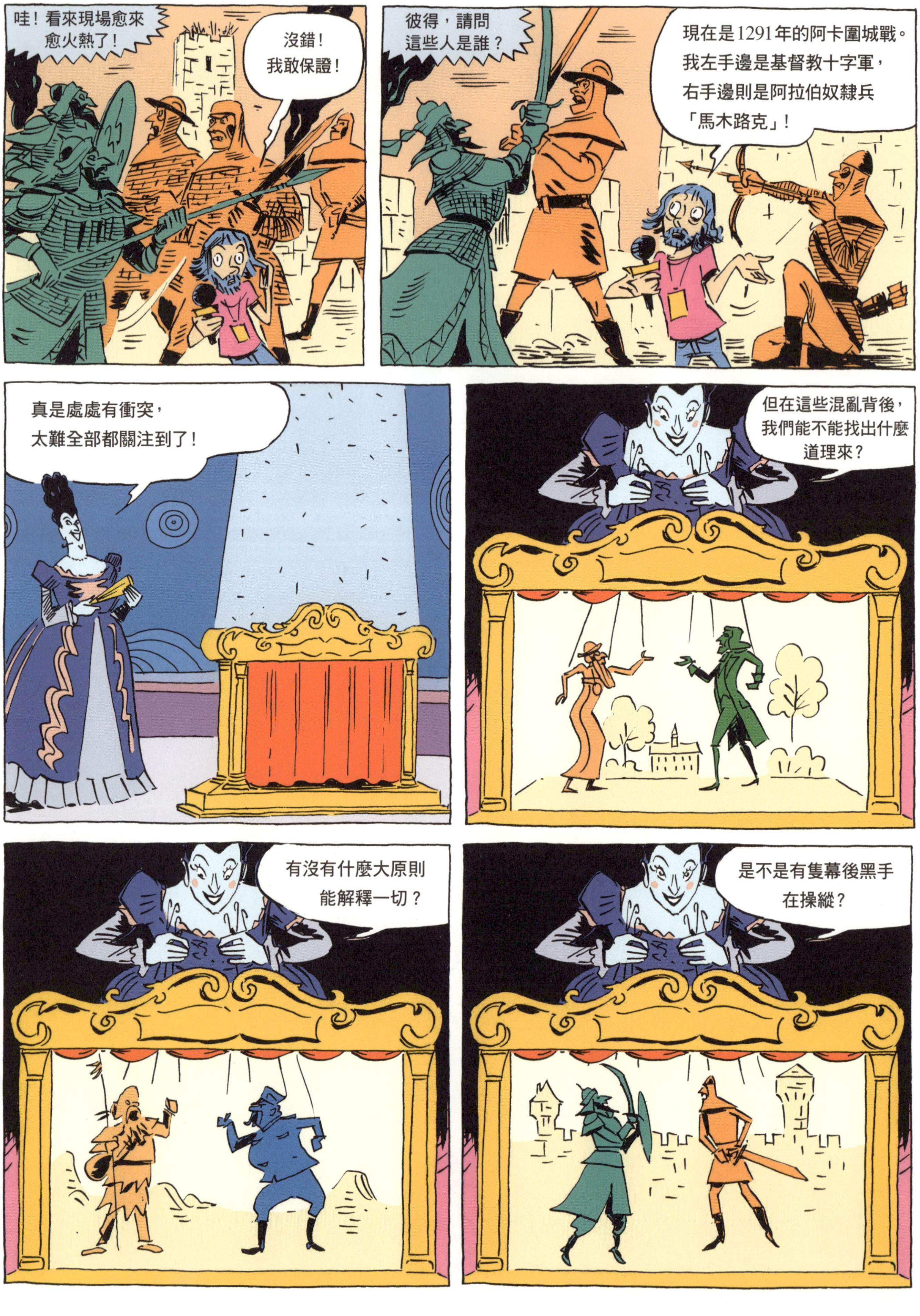
哇！看來現場愈來愈火熱了！
沒錯！我敢保證！
彼得，請問這些人是誰？
現在是1291年的阿卡圍城戰。我左手邊是基督教十字軍，右手邊則是阿拉伯奴隸兵「馬木路克」！
真是處處有衝突，太難全部都關注到了！
但在這些混亂背後，我們能不能找出什麼道理來？
有沒有什麼大原則能解釋一切？
是不是有隻幕後黑手在操縱？

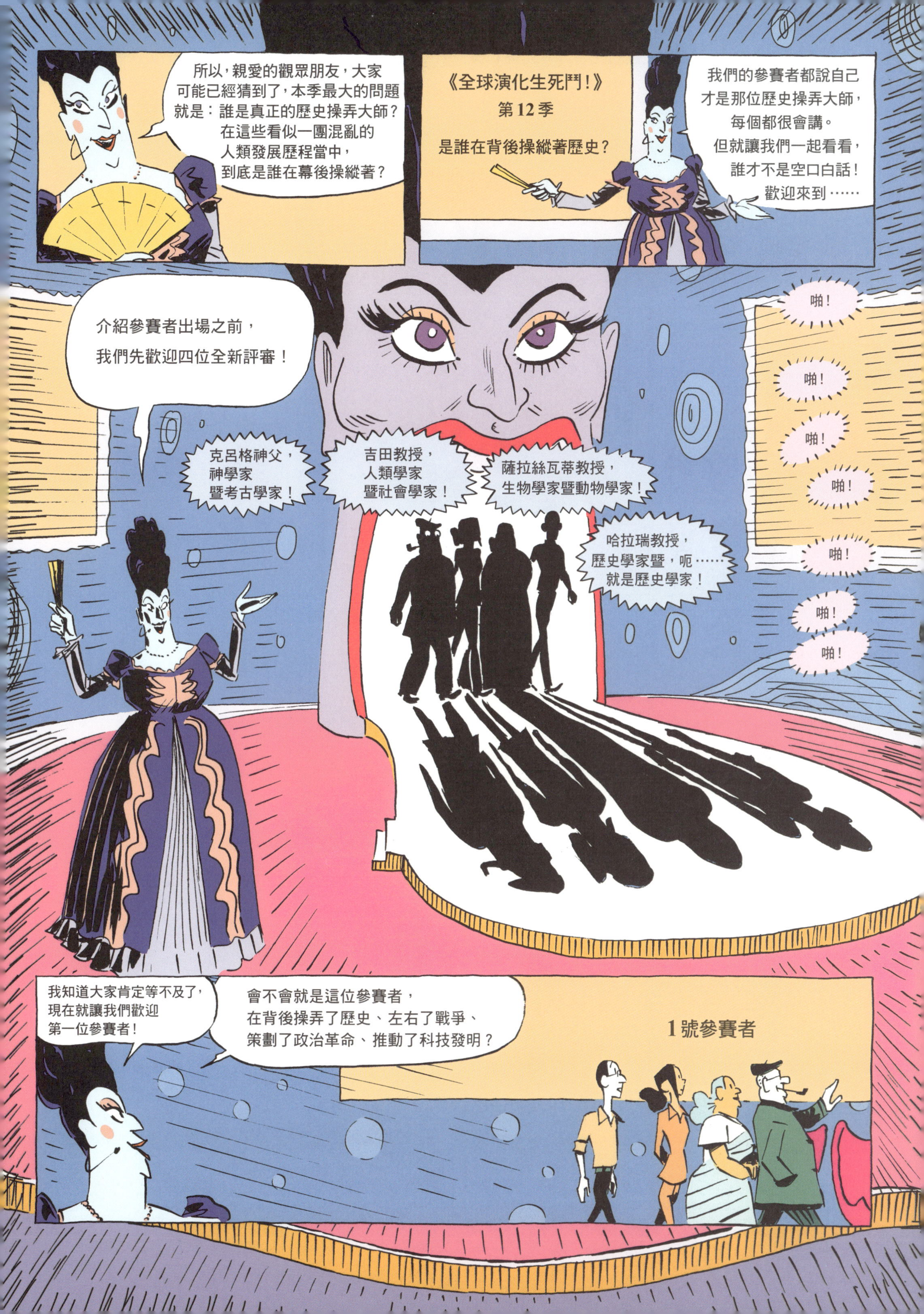
所以，親愛的觀眾朋友，大家可能已經猜到了，本季最大的問題就是：誰是真正的歷史操弄大師？在這些看似一團混亂的人類發展歷程當中，到底是誰在幕後操縱著？
《全球演化生死鬥！》
第12季
是誰在背後操縱著歷史？
我們的參賽者都說自己才是那位歷史操弄大師，每個都很會講。但就讓我們一起看看，誰才不是空口白話！歡迎來到……
介紹參賽者出場之前，我們先歡迎四位全新評審！
克呂格神父，神學家暨考古學家！
吉田教授，人類學家暨社會學家！
薩拉絲瓦蒂教授，生物學家暨動物學家！
哈拉瑞教授，歷史學家暨，呃……就是歷史學家！
啪！
啪！
啪！
啪！
啪！
啪！
啪！
我知道大家肯定等不及了，現在就讓我們歡迎第一位參賽者！
會不會就是這位參賽者，在背後操弄了歷史、左右了戰爭、策劃了政治革命、推動了科技發明？
1號參賽者

我們的第一位參賽者
住在塞倫迪市最高樓的頂樓。
看來風風光光，
但他就是個普通人，
還會自己做飯……
現在他正在廚房裡大顯身手……
讓我們來認識他一下……嗨，隨機先生，
我們是《全球演化生死鬥！》
媽媽咪呀！
嚇了我一跳！
啪！
我的蘋果派！
墨菲！不能吃！
請跟我來，這裡走。
我在這裡的賭場當荷官。
就是做點兼差，
錢才比較夠花。
我最愛的就是輪盤了。但也只有
每年旺季才會來做……
因為大多數時候，
我的正職其實是……

隨機先生！
沒錯，就是我本人！
嗨！大家好！
好的，隨機先生，你說自己才是歷史幕後的操弄者，對吧？你是怎麼做到的呢？有什麼特殊才藝？
就讓我直接秀給你看吧！
啪！
啪！
啪！
啪！
啪！
非常簡單，隨便問我一個關於歷史發展的問題，我的命運大輪盤都能給你答案！
就是它做出了所有的決定！
克呂格神父，你有什麼想問的嗎？
當然！
隨機先生，能不能請你解釋一下，基督教是怎樣先成了羅馬帝國的國教……
……接著又成了全球最廣泛的宗教？
太簡單了，看好囉！
手放上！
轉起來！
看得我頭都要暈了……
法利賽派
奮銳派
愛色尼派
希梠利派
查拉圖斯特拉
奧丁
耶穌基督
酒神
查拉圖斯特拉
奧丁
耶穌基督
酒神
月神
耶穌基督！
這就是你要的答案，全靠隨機偶然！

什麼意思？就這樣？
一切都是偶然造成？
隨機先生啊，我可是知道
有其他原因，能解釋基督教
為什麼在羅馬帝國大行其道！
讓我用道理來說服你……首先，
我們不能忘記基督教神學讚美
謙卑貧窮，這就能吸引下層階級
的人。同時，基督教教會團結
有紀律，這又能吸引像君士
坦丁這樣有權有勢的人。
至於商人階層……
對啦對啦，神父。
不過你是早就知道事情的發展了，
對吧？放馬後炮還不簡單？！
這不就你們愛講的
那個什麼拉丁術語
post hoc 是吧？
外行的就是這樣！辛苦事都是我在幹，
你們這些教授出來擺個樣子，就把功勞
都歸給其他人事時地物，那我呢？！
什麼「社經體系
結構」啦……
什麼「地中海盆地的地理
氣候條件」啦……
但都沒人
提到我！
沒人提到
隨機先生！！
我告訴你，基督教流行起來，就是純屬偶然，
現在有那麼多人相信人權、相信自由市場資本主義，
一樣也都是純屬偶然！
只要隨機的輪盤
一轉，人類就可能
會改信些別的，
什麼密特拉教啦、
新封建主義啦……

基督教能勝出，完全就是偶然！
還有伊斯蘭教、布爾什維克革命，
不管你能想到什麼，都是偶然！
聽起來也有點道理，
哈拉瑞你覺得呢？
身為歷史學家，我還
真說不出基督教有哪裡
一定比密特拉教、
或其他宗教更強。
而像布爾什維克革命的發展，
也是出乎所有人的意料！
就連馬克思本人，都沒想到
俄國會發生馬克思主義革命……
抱歉我插個嘴，哈拉瑞，
你是在說，你同意這個
江湖騙子嗎？！
那些無神論的布爾什維克
本來就該下地獄了，
但我真不敢相信，你真的覺得
基督教興起就只是偶然？
顯然有兩位評審意見不合囉……導演在跟我說
什麼悄悄話……可不是嘛！真是太讓人期待了！
現在讓我們前往實際的歷史場域，
來釐清這個問題。
FACT CHECK BOX
來吧，兩位就先別吵了！
現在讓我們把現場交給
在羅馬的瑪麗亞……

瑪麗亞，你是在羅馬的現場嗎？
沒錯，記者現在是在西元250年的羅馬，訪問到比盧斯與辛西亞這兩位好心的羅馬公民，願意借給我們一點寶貴的時間。
萬福，比盧斯、辛西亞！
萬福，瑪麗亞！你想問什麼呢？
請問，你們這輩子都住這，和羅馬文化再熟悉不過了，那你們認為哪種宗教最有可能成為這個帝國的官方信仰？
這個嘛，當然是密特拉啊，你看新信徒那麼多耶！
就是說嘛！
真的嗎？你們覺得基督徒一點機會都沒有嗎？
基什麼？
哈！哈！哈！
你說那些我們偶爾拿來餵獅子的怪咖喔？你也太幽默了吧？
可是……他們……他們哪裡瞭解羅馬社會……
嗯哼！
抱歉，兩位新朋友，我和辛西亞還要到羅馬競技場看比賽呢。
我們跟上去吧。我們訪談的公民樣本還得再大一點，才能談統計……

我們現在正處於歷史當中，實在最沒有資格去預測未來……
呵呵！你看吧，辛西亞，那個從拿撒勒來的耶穌，第三場比賽的賠率是1賠35！
這下支持密特拉的理由就更充分了！他的賠率只有1賠5！
唔唔，這讓我也想來買一張了！
拿撒勒的耶穌
你看，比盧斯！拿撒勒那個什麼椰酥要贏了！
這什麼好狗運！太扯了！！！
對時局愈熟悉的人，像是這對羅馬夫妻，事態的真實發展，常常會讓他們驚訝。
喔耶！喔耶！
歷史有一則鐵律：很多事情的發展，事後看來理所當然，當時卻怎麼也看不出來……
耶耶耶，耶耶耶！
事情到現在還是一樣。
第三次世界大戰就要爆發了嗎？
經濟危機到底已經結束、還是會繼續惡化？
人類是正在走向生態災難、還是科技天堂？
等過了幾年再回頭看，大家都會覺得答案再明顯不過。

很多在歷史上發生過的事，
原本都讓人認為絕對不可能發生。
啪！
啪！
啪！
啪！
啪！
啪！
啪！
啪！
除了隨機先生之外，誰有這個膽子預測山達基可能在五十年後成為美國的官方宗教？
我的老天啊！我肯定不會這樣預測！
同理，西元600年的時候，肯定也沒人相信很快就會有一小群阿拉伯人，征服了世界上最大的帝國，版圖從大西洋一路延伸到印度。
如果當初是拜占庭軍隊打贏了雅穆克戰役，伊斯蘭教可能到現在還只是個不起眼的歷史注腳。
學者也肯定很容易解釋，不過就是在阿拉伯落後地區有個商人說自己得到了神啟，那當然很難成為流行的宗教。

嗯……你講的也算是有一定的道理。
歷史本來就會受到地理、
生物、經濟等等條件
相互作用的影響……
平均氣溫
溼度
月相盈虧
小麥價格
就算只有了
一點點的改變，
也可能讓結果
截然不同……
糟糕！
像是多變的天氣，已經讓歷史的演進
不知道有了幾次改變。
想想 1588 年西班牙艦隊的命運：
一場巨大的風暴，
讓號稱無敵的西班牙艦隊措手不及……
要是有人真能準確計入所有因素，歷史或許
看起來就不會那麼漫無規律。但在真的能夠
做到這點之前，我們絕對可以理解，為什麼
大家會覺得歷史就是被某股隨機力量主宰，
不管他們給這股力量取了什麼名字。
上帝吹了一口氣，
就讓他們淪為波臣！

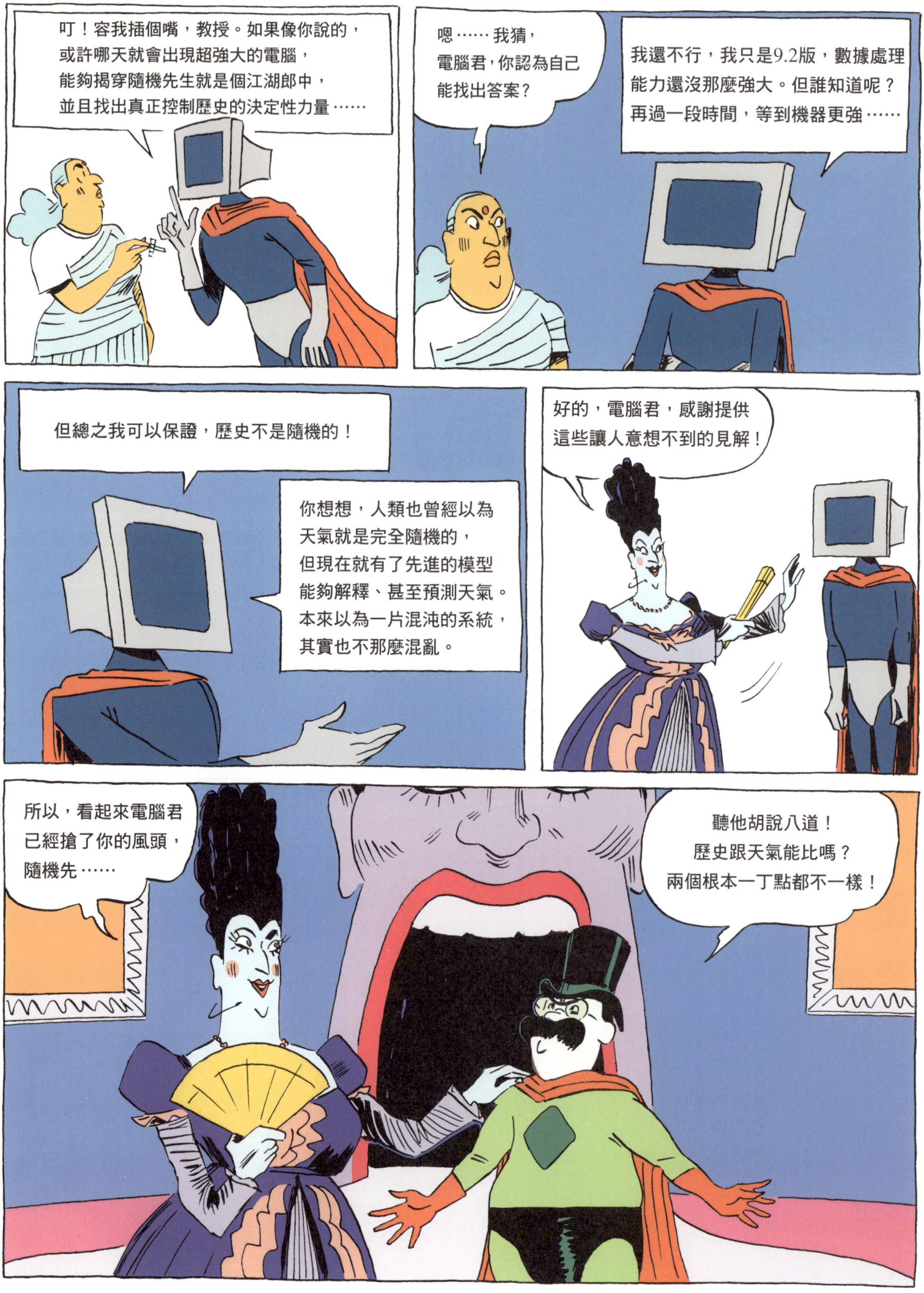
叮！容我插個嘴，教授。如果像你說的，或許哪天就會出現超強大的電腦，能夠揭穿隨機先生就是個江湖郎中，並且找出真正控制歷史的決定性力量……
嗯……我猜，電腦君，你認為自己能找出答案？
我還不行，我只是9.2版，數據處理能力還沒那麼強大。但誰知道呢？再過一段時間，等到機器更強……
但總之我可以保證，歷史不是隨機的！
你想想，人類也曾經以為天氣就是完全隨機的，但現在就有了先進的模型能夠解釋、甚至預測天氣。本來以為一片混沌的系統，其實也不那麼混亂。
好的，電腦君，感謝提供這些讓人意想不到的見解！
所以，看起來電腦君已經搶了你的風頭，隨機先……
聽他胡說八道！歷史跟天氣能比嗎？兩個根本一丁點都不一樣！

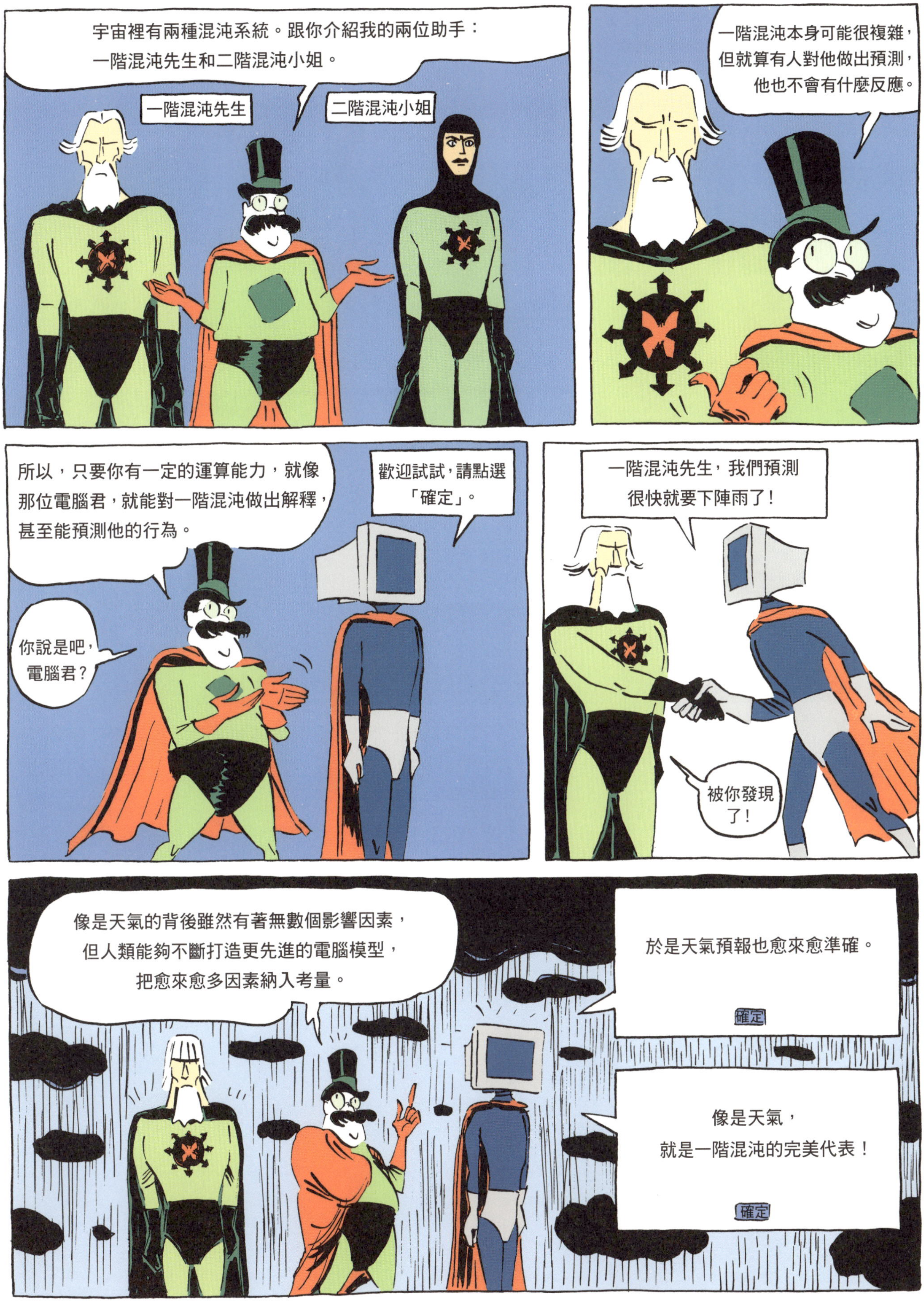
宇宙裡有兩種混沌系統。跟你介紹我的兩位助手：一階混沌先生和二階混沌小姐。
一階混沌先生
二階混沌小姐
一階混沌本身可能很複雜，但就算有人對他做出預測，他也不會有什麼反應。
所以，只要你有一定的運算能力，就像那位電腦君，就能對一階混沌做出解釋，甚至能預測他的行為。
你說是吧，電腦君？
歡迎試試，請點選「確定」。
一階混沌先生，我們預測很快就要下陣雨了！
被你發現了！
像是天氣的背後雖然有著無數個影響因素，但人類能夠不斷打造更先進的電腦模型，把愈來愈多因素納入考量。
於是天氣預報也愈來愈準確。
確定
像是天氣，就是一階混沌的完美代表！
確定

至於像金融市場這樣的二階混沌系統，情況就大不相同。因為只要有人對她做出預測，二階混沌小姐就會隨之改變，於是讓預測失準。
二階混沌小姐，我們預測明天油價將會暴漲……
這樣呀？
我可沒那麼肯定唷……
假設石油現價每桶90美元，而演算法預測明天會漲到100美元，商人就會立刻搶進，等到漲價，就能撈一筆。
這樣一來，不用等到明天，油價今天就會漲到每桶100美元。
那明天又會怎樣？
沒人知道！

歷史跟政治並不是像天氣這樣的一階混沌系統……
……而是像金融市場這樣的二階混沌系統。很多人責怪研究蘇聯的學者，怎麼沒預測到1989年柏林圍牆倒下？也有人嘲笑研究中東的專家，怎麼沒料到2011年的阿拉伯之春？
太不公平了！「革命」從定義上來說就是不可預測的……
根本沒有「可預測的革命」這種東西！
嘿，話可別說太早！只要能設計出一種預測革命的演算法！
唔……
讓我們想像一下，有位小天才真的在2010年成功寫出這樣的程式……
成功了！！
這簡直就是一隻會下金蛋的鵝！
您好，請問是穆巴拉克總統辦公室嗎？沒錯，我想預約晉見……

幾天後在開羅總統府……
比爾先生，你這套軟體可不便宜呀……
是不便宜，但總統先生，它保證能預測到任何革命行動！有了「防革命衛士」軟體，保證您的政權可以再延續一百五十年！
嗯……你這話真是講到我心坎裡了……
總統先生，您不會失望的！
賣這麼貴，最好是別讓我失望！
幾個月後……
「防革命衛士」軟體通知：即將發生革命的跡象正大量增加。預計示威抗議將在兩週後的2011年1月25日開始……
好戲上場！
隔天在埃及電視上……
本人決定實施降稅措施，讓我親愛的國民都能共享幾十億美元……
幾小時之後……
總統萬歲！
總統萬歲！
「防革命衛士」軟體通知：革命已延後，請待另行通知。
!!!
立刻！馬上！把那個比爾給我找來！
是的，總統大人！

隔天……
嘿，穆老哥！程式太棒了，對吧？
啪！
哼！
你這什麼沒用的*爛程式！*哪有什麼革命？！
早知道我就把這筆錢拿來再蓋一座宮殿，幹嘛減什麼稅，買什麼蠢軟體！
我要退貨！！
不是吧，總統大人，讓我解釋啊……正是因為「防革命衛士」準確預測到了革命，才讓革命沒有發生啊！
來人！！
把這個騙子給我單獨關押！！！
大人，您錯了呀！是您的預防措施發揮了作用！！我的程式真的有預測到本來會發生的事！
你那個爛程式預測的事根本沒發生！
把他給我丟到地牢裡！
冤枉啊！大人！

雖然我覺得，這還是把事情講得太簡單，但我也同意，歷史的發展就是有很多偶然……
確實，隨機先生，你說的是有幾分道理。
親愛的評審團成員……
感謝各位精采的分析。
現在請大家開始投票。隨機先生是我們的歷史操弄大師嗎？
1分到10分，請給分！
評審給出了極高的分數！
8
8
7
6
表現真是太精采了！隨機先生，您可真是一下就把標準拉得超高啊！
感謝，感謝！
接下來用一段小影片，介紹下一位參賽者！

我們的第二位參賽者，
就在斯巴達的這座體育館工作。
體育館
她一週七天都待在這裡……
嗨！我們是《全球演化生死鬥！》的團隊。
啊，你們終於來了！我等好久了……
防守！手抬高！
小姐你好，看起來你似乎很熱愛拳擊……
沒錯，我訓練年輕人練拳擊，讓他們不管面對怎樣的未來，都能見招拆招。
不過那其實也就是……呃，白天的工作，因為我其實還有個身分，就是……

……衝突女超人！
這個出場真是太有氣勢了！
來吧，衝突女超人，大家都很期待！你說是你操控了整個歷史。但你的超能力究竟是什麼？
先說，歷史才沒有什麼隨機這種事，而是都遵守著一條鐵則：權力就是正義！人生就是一場鬥爭、一場衝突。所有生物物種都得為自己的生存而戰，都得要遵照天擇的無情法則……
這就是大自然——人生可不是讓你隨便玩玩，沒有人會對你手下留情！
人類也是一樣。世界的歷史，就是敵對文明之間無盡的對抗！懂這個道理，就能讓自己做好準備。但要是不懂，就只能等著迅速滅絕。
從全球新聞，就能看到……
就是一個文明……
……對抗著另一個文明。
雙方的爭鬥至死方休，等到硝煙散去，就是只能有一方獨活。

所有歷史時期都不例外。
而且是從歷史一開始，就已經如此。
我隨便就能舉出一大票例子……
像是希臘和波斯……
日耳曼部落和羅馬帝國……
蒙古和中國……

還有十字軍和埃及的馬木路克……你也同意吧，彼得？
絕對是，衝突女超人！在1291年，這場衝突可不得了！
對吧？
我就說，雖然歷史表面看來混沌，背後卻有一套簡單的決定原則：文明衝突，弱者倒地，強者勝出！
每場比賽都是以擊倒結束，總有一方被擔架抬走……！
感謝衝突女超人，真是一場深擊人心的簡報！
現在讓我們回到評審團……請問各位有什麼想法？
嗯！
衝突女超人，我身為生物學家，得說我很懷疑你的論點……

衝突女超人把人類群體之間的狀況，拿來和不同生物物種之間的狀況做類比。這是一種很常見的論點，但完全錯了！
問題在於，動物物種具有客觀的身分特徵，但是人類群體沒有。
當隻黑猩猩或大猩猩是什麼樣子，是取決於基因、而不是出於什麼文化信念……基因不同，就會有不同的社會行為。
黑猩猩的群體是一大群雌雄黑猩猩混居，裡面的朋友關係與盟友關係不斷分分合合。
至於大猩猩的群體，則是只有一隻雄猩猩主導，率領著由雌猩猩組成的後宮。
要是有雄猩猩成年了、卻沒有自行離開，通常就會被那隻雄性首領趕走。
黑猩猩跟大猩猩的這些社會體系已經維持了幾千個世代。
不可能突然就去改用對方的那套社會體系……
這一切跟什麼文化信念無關——就只是基因遺傳。
黑猩猩跟大猩猩絕對不會融合成什麼黑大猩或大黑猩之類的群體。
但人類就完全不同了。我相信愛子教授也會同意……

沒錯，人類的社會體系和其他生物完全不同。像是希臘與波斯之間，其實只是文化不同，而沒有什麼生物上的差異。
雙方的基因沒什麼不一樣，只是相信的事情不一樣而已。而不論是信念或是身分認同，都會隨著時間慢慢改變。
在薩拉米斯海戰當中，其實有些希臘人是在站在波斯這一邊。而在後來的伯羅奔尼撒戰爭，則是希臘人和希臘人之間的殺戮，還有一邊與波斯國王聯手。
亞歷山大大帝征服了波斯帝國之後產生的希臘化文化，便將希臘與波斯的文化融為一體。相較於無法融合的黑猩猩或大猩猩，塞琉古帝國就是讓希臘與波斯融合了起來。
生物物種總是界線分明，但人類群體倒是常常合併。
像是日耳曼部落征服西羅馬帝國之後，除了接受基督教，也接受了許多政治、法律、軍事與社會思想。法蘭克王國就是既有些日耳曼、也有些羅馬的元素。
當然也別忘了，在更早之前，基督教本身就融合了猶太、希臘與波斯的思想。舉例來說，靈魂能在死後繼續存在的概念，是來自希臘哲學；《舊約》可沒提過這種事！至於說世界是善良的神與魔鬼之間的戰場，則是取自於波斯。
成吉思汗與後裔征服許多中國政權的時候，也讓蒙古接收了許多中國的思想與做法。最後的結果就是元帝國：一個蒙古與中國的雜交融合體。

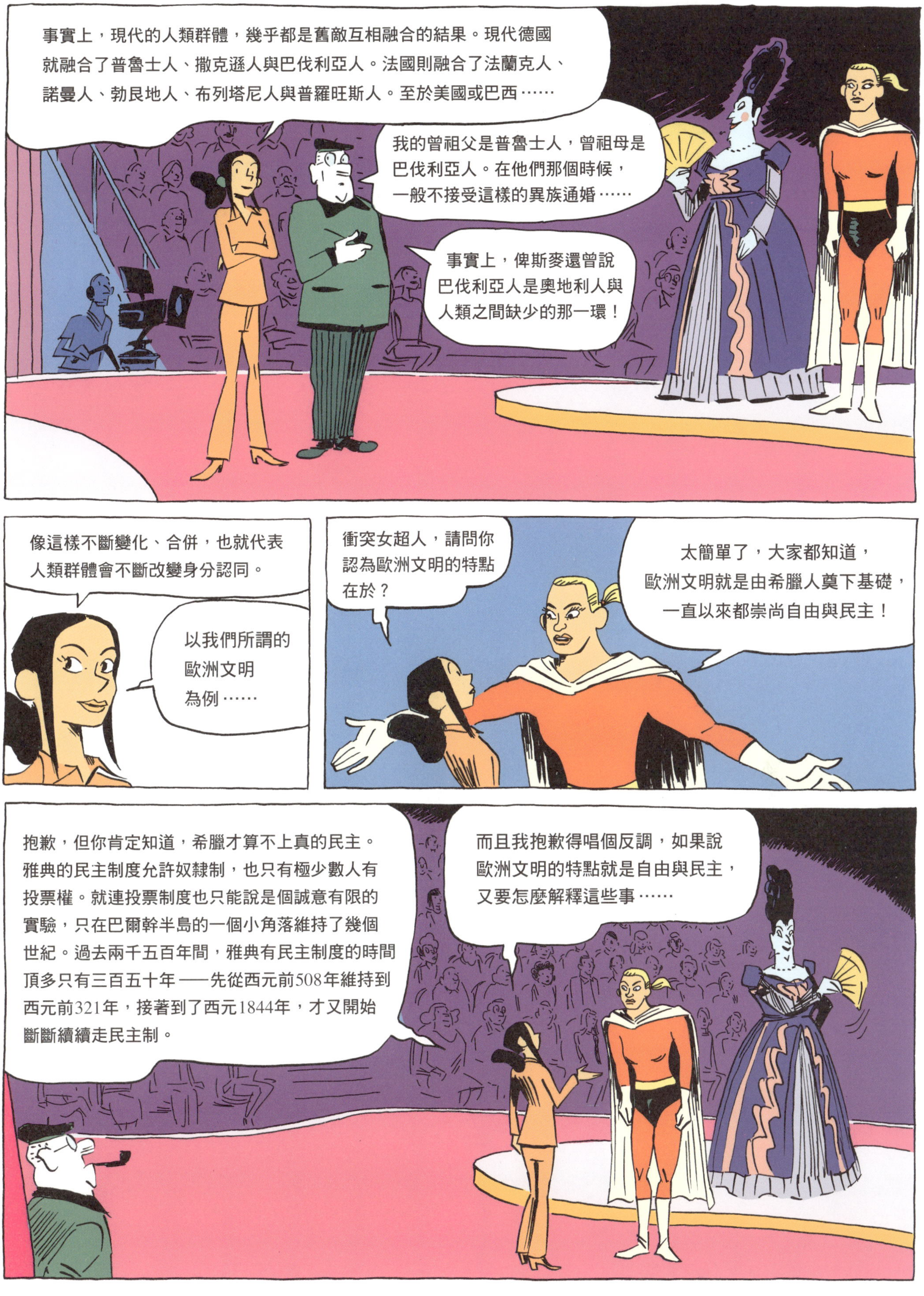
事實上，現代的人類群體，幾乎都是舊敵互相融合的結果。現代德國就融合了普魯士人、撒克遜人與巴伐利亞人。法國則融合了法蘭克人、諾曼人、勃艮地人、布列塔尼人與普羅旺斯人。至於美國或巴西……
我的曾祖父是普魯士人，曾祖母是巴伐利亞人。在他們那個時候，一般不接受這樣的異族通婚……
事實上，俾斯麥還曾說巴伐利亞人是奧地利人與人類之間缺少的那一環！
像這樣不斷變化、合併，也就代表人類群體會不斷改變身分認同。
以我們所謂的歐洲文明為例……
衝突女超人，請問你認為歐洲文明的特點在於？
太簡單了，大家都知道，歐洲文明就是由希臘人奠下基礎，一直以來都崇尚自由與民主！
抱歉，但你肯定知道，希臘才算不上真的民主。雅典的民主制度允許奴隸制，也只有極少數人有投票權。就連投票制度也只能說是個誠意有限的實驗，只在巴爾幹半島的一個小角落維持了幾個世紀。過去兩千五百年間，雅典有民主制度的時間頂多只有三百五十年——先從西元前508年維持到西元前321年，接著到了西元1844年，才又開始斷斷續續走民主制。
而且我抱歉得唱個反調，如果說歐洲文明的特點就是自由與民主，又要怎麼解釋這些事……

所以，你是想說
歐洲文明就只是暴政
和壓迫嗎？

當然不是。我想說的是，只要是「歐洲人創造的」，就是歐洲文明。有時候歐洲人會讓歐洲文明長一個樣，有時候又變另一個樣。
宗教也一樣——例如伊斯蘭教，並沒有什麼固定的特徵……穆斯林想讓伊斯蘭教是什麼樣子，伊斯蘭教就會是那個樣子！而且幾個世紀以來，穆斯林讓伊斯蘭教有了許多不同的樣貌。

每個族群定義自己的時候，常常把重點放在自己有什麼不變的特質。但這是個錯誤的想法——看看自己一直有什麼衝突，反而更能看出自己是誰。
在近世，歐洲正是由宗教衝突所定義。
在1572年，所謂的歐洲人，就是會計較天主教與新教教義之間微乎其微的差異。人們不惜為了這些差異，殺害幾百萬人。
如果當時有個印度教的遊客經過，一定會覺得這種爭執根本莫名其妙——從這樣的困惑，就能看出這個印度教徒是來自不同的文明！
到了其他時代也是如此……希特勒並不比邱吉爾「不歐洲」。兩人針鋒相對，並不是因為文明不同而起的衝突，只是想在那個歷史的當下，定義當個「歐洲人」究竟是怎麼一回事。
但如果當初畫下拉斯科洞穴壁畫的人，現身在1942年的法國多爾多涅省，並不會覺得自己是什麼歐洲人。歐洲當時關於種族與帝國的爭議，在他們看來毫無意義……
他就不能過來幫忙做正事，先別採什麼蠢草莓嗎？

衝突女超人，請問你覺得2025年的歐洲人是什麼樣子？
白皮膚，忠於基督教價值觀，捍衛自由……
你覺得所有歐洲人都會同意你的說法嗎？在我看來，現在所謂的歐洲人，似乎就是要在移民問題和歐盟的議題上，吵個不停。
這是我們的家！
停止移民！
向歐洲說不！
而且，不管對於「什麼才叫歐洲人」的意見有多麼大的歧異……如果你是個歐洲人，代表你能夠爭論所謂的歐洲人該如何定義，而這樣的爭議到了世界上某些比較不寬容的地方，可會讓你惹上嚴重的問題。
歐洲衝衝衝！
反對暴利！
如今歐洲面臨的衝突與困難，與1572年的祖先所面臨的難題完全不同。從許多方面來說，比起馬丁路德或教宗，現代歐洲人跟現代巴西或印度貿易合作夥伴，可能還比較相像呢。

說實在的，就連十字軍東征也可以說：只是單一文明內部的分歧，並不是敵對文明之間的衝突。十字軍與馬木路克有許多共同的希臘羅馬傳統，也都相信極為相似的一神教教條。獅心王理查與薩拉丁之間的差異，真的有比希特勒與邱吉爾之間的差異更大嗎？
就目前全球各地的衝突來說，多半都是單一全球文明內部的針鋒相對。
但衝突也太多了！
對啊，內部衝突罷了。
多半情況下，我們爭吵的對象根本可以說是自己的家人，不是完全的外人。像是美國和伊朗為敵幾十年，然而他們並沒有真的那麼不同 —— 兩方都對世界有一樣的想法，也都是民族國家。兩國會用一樣的經濟理論來應對通貨膨脹，用一樣的武器來打仗，用一樣的醫學理論來應對疫情。
當初黑死病席捲全球的時候，中國、印度、伊朗與歐洲對這場瘟疫的看法還大不相同。但是到了最近的新冠疫情，各國的看法基本上都能夠達到共識，例如這場疫情就是由一種病毒所引起，可不是因為什麼黑魔法或星象出了問題。各國對於宇宙的基本定律也能有共識。要是伊朗有自己一套絕無僅有的物理學原理，美國根本不會擔心伊朗發展核武計畫！

烹飪可能是人類受全球化影響最明顯的活動……
有許多國家的經典料理，
食材根本就來自極為遙遠的他方。
羅馬皇后阿格里皮娜，
喜歡義大利紅醬麵。
錯誤！
番茄原產於
中美洲。
威廉·泰爾熱愛
瑞士巧克力。
錯誤！
可可原產於
中美洲。
佛陀愛吃辛辣的
印度咖哩餃。
錯誤！
辣椒原產於中美洲。
聖女貞德愛吃法國薯條當早餐。
錯誤！
馬鈴薯原產
於南美洲。
麥哲倫到了阿根廷之後，
開始愛上吃牛排。
錯誤！
牛原產於亞洲。

在許多其他領域，也有著類似的誤解。
想想好萊塢電影裡，北美大平原的原住民……
下一場的門票一張，謝謝。
總是把他們講成勇敢的騎兵……
《安邦定國誌》
約翰．福特導演
……橫掃歐洲侵略者，保護自己古老的傳統習俗。
但如果以為他們真的是在捍衛某種古老的本土文化，那可就錯了。
噓！
原住民騎馬，是因為在十七、十八世紀，北美西部平原掀起了一場軍事與政治上的改革——馬匹從歐洲傳入！
在1492年，美洲可沒有馬這種動物。
十九世紀的蘇族與阿帕契文化確實有許多充滿魅力的特色，但其實算不上特別古老，而就是一種現代文化，處處可見全球化的痕跡。
CITY
STOP
總之，衝突女超人，塑造歷史的絕不只有衝突而已。每次的衝突，也都是相遇的契機。

感謝你的補充資訊，評審寶貝！
現在請大家為第二位參賽者打分數！
4
4
0
2
哎呀呀……這分數實在和期待的有太大落差……
我……我無法相信……
你辛苦訓練了這麼多年，我可以體會你有多麼難過……
感謝你！我們緊接著歡迎……
……第三位參賽者！她既會製造衝突，但也能帶來相遇的契機！就讓我們來認識她一下！

我們來到峇里島，尋找這位參賽者。
雲霄飛車小姐在這裡做個小生意，
在島上十分有名……
嗨，雲霄飛車小姐，我們是
《全球演化生死鬥！》的團隊。
太棒了，
我沒想到你們
來得這麼快！
可不可以請您介紹一下，自己在
這個美麗的地方做什麼工作？
大家可以看到，我在這
裡經營一間小工作室，
回收衝浪板……
但這只是我白天的
工作啦……
因為我其實
是……

循環女超人！
那麼，循環女超人，請問你的超能力是什麼呢？
我控制著歷史無盡的循環，也就控制了歷史！
那可得請你再秀一個了！
我們這個世界完全遵守著「有來有往」的原則……
像是以日光的變化週期為例……
每次日出，總會再迎來日落。
而每次日落也總是會再有日出……白天和黑夜就是這樣往復循環。
還有季節的循環……

或是全球冷卻與暖化的循環……
甚至是植物生長的循環……
整個人類歷史也是如此……不管前面隨機先生怎麼說，歷史都不是隨機的。而且歷史也不只是出於各種衝突。衝突女超人犯的錯，是只看到了週期循環的一面，而忽略了另一面。雖然有衝突，但也有和平；帝國會崛起，但也會衰微；部落會合併，但偶爾也會分裂。生命就是這樣循環不息。
各種人類文化一開始都是既弱小又簡單，接著才成長與擴張……但最後必然迎來崩潰！

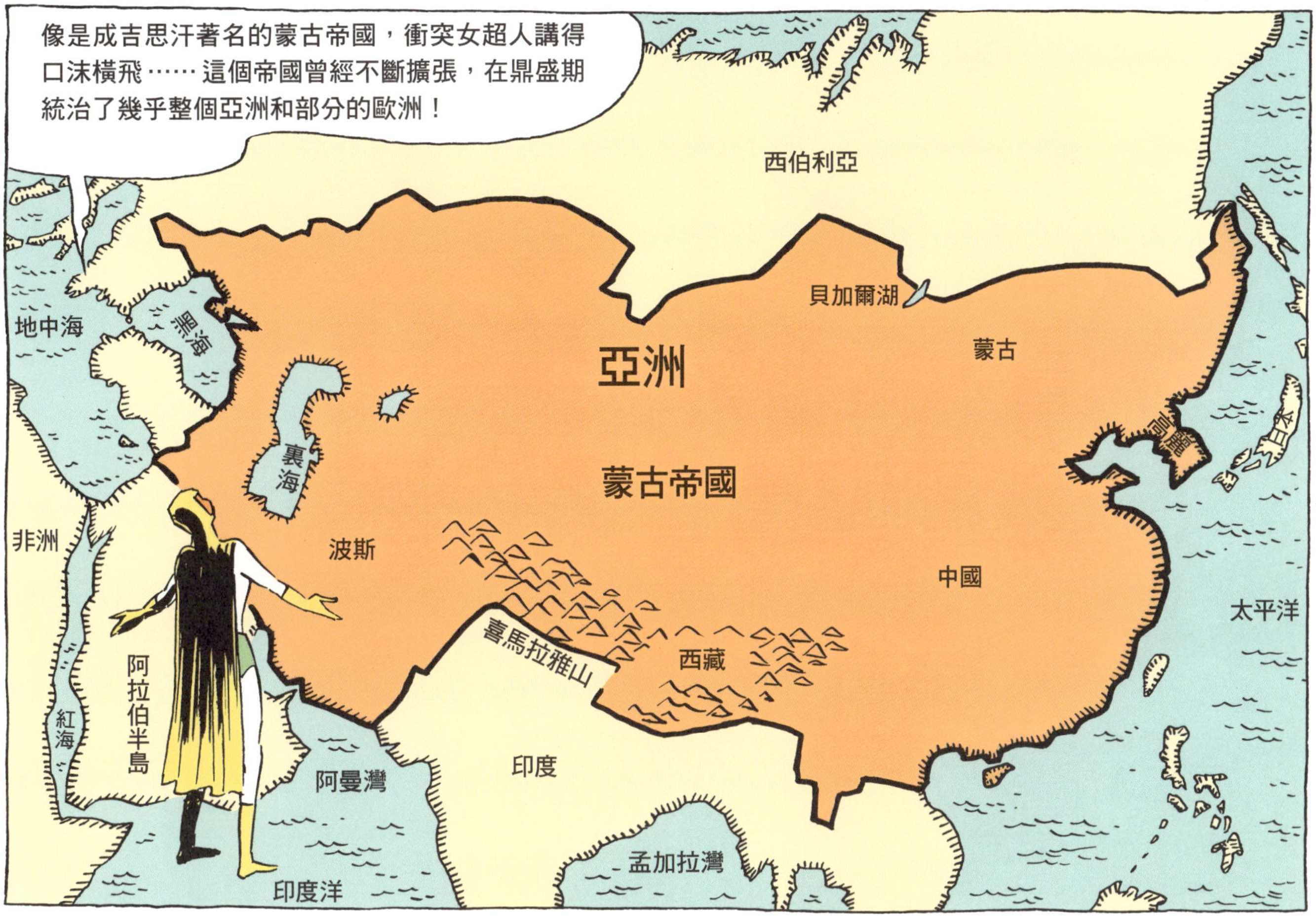
像是成吉思汗著名的蒙古帝國，衝突女超人講得口沫橫飛⋯⋯這個帝國曾經不斷擴張，在鼎盛期統治了幾乎整個亞洲和部分的歐洲！
西伯利亞
貝加爾湖
地中海
黑海
亞洲
蒙古
裏海
蒙古帝國
高麗
日本
非洲
波斯
中國
太平洋
喜馬拉雅山
西藏
阿拉伯半島
紅海
阿曼灣
印度
孟加拉灣
印度洋

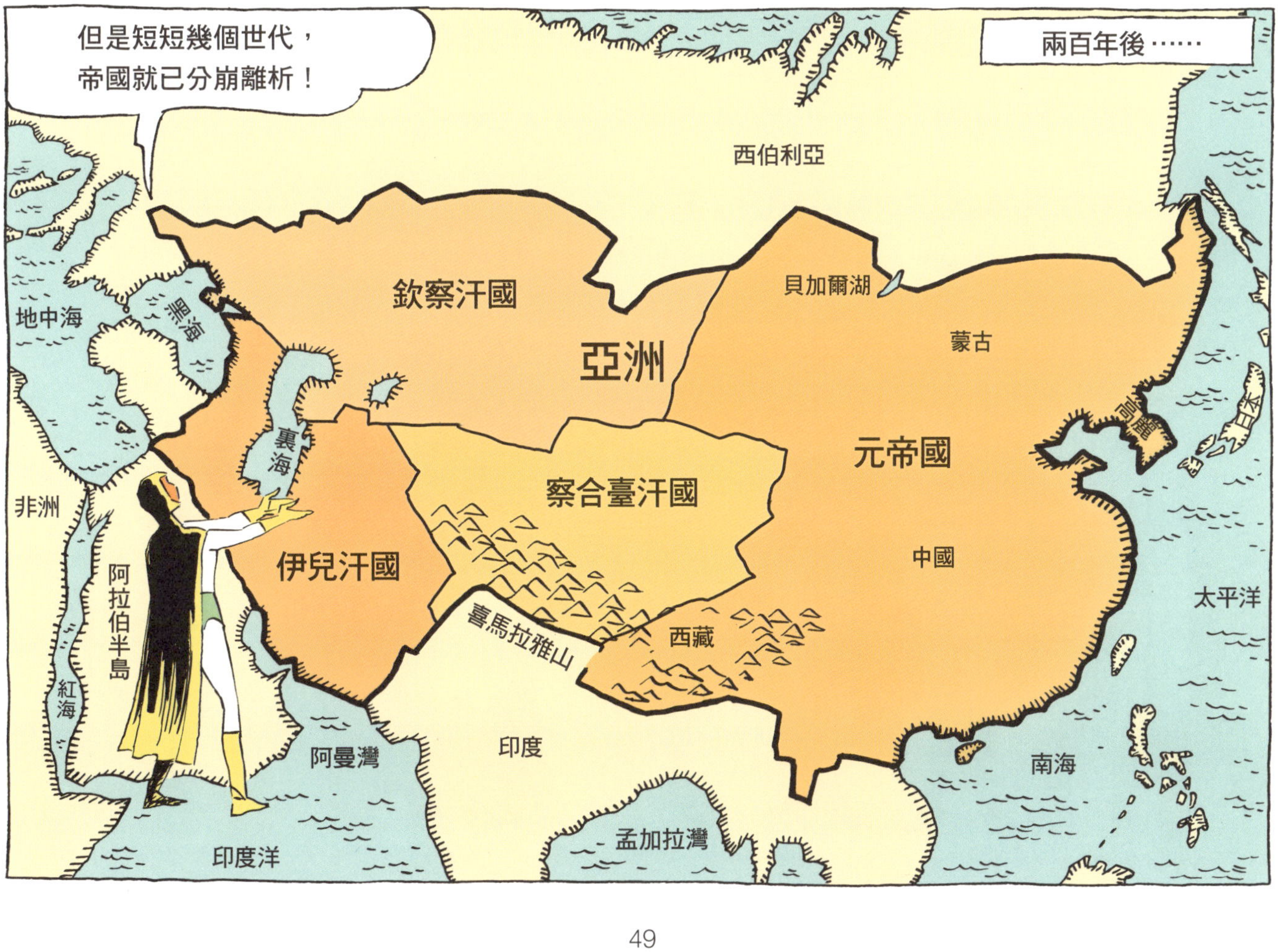
但是短短幾個世代，帝國就已分崩離析！
兩百年後⋯⋯
西伯利亞
欽察汗國
貝加爾湖
地中海
黑海
亞洲
蒙古
裏海
元帝國
高麗
日本
察合臺汗國
非洲
伊兒汗國
中國
阿拉伯半島
太平洋
喜馬拉雅山
西藏
紅海
阿曼灣
印度
南海
孟加拉灣
印度洋

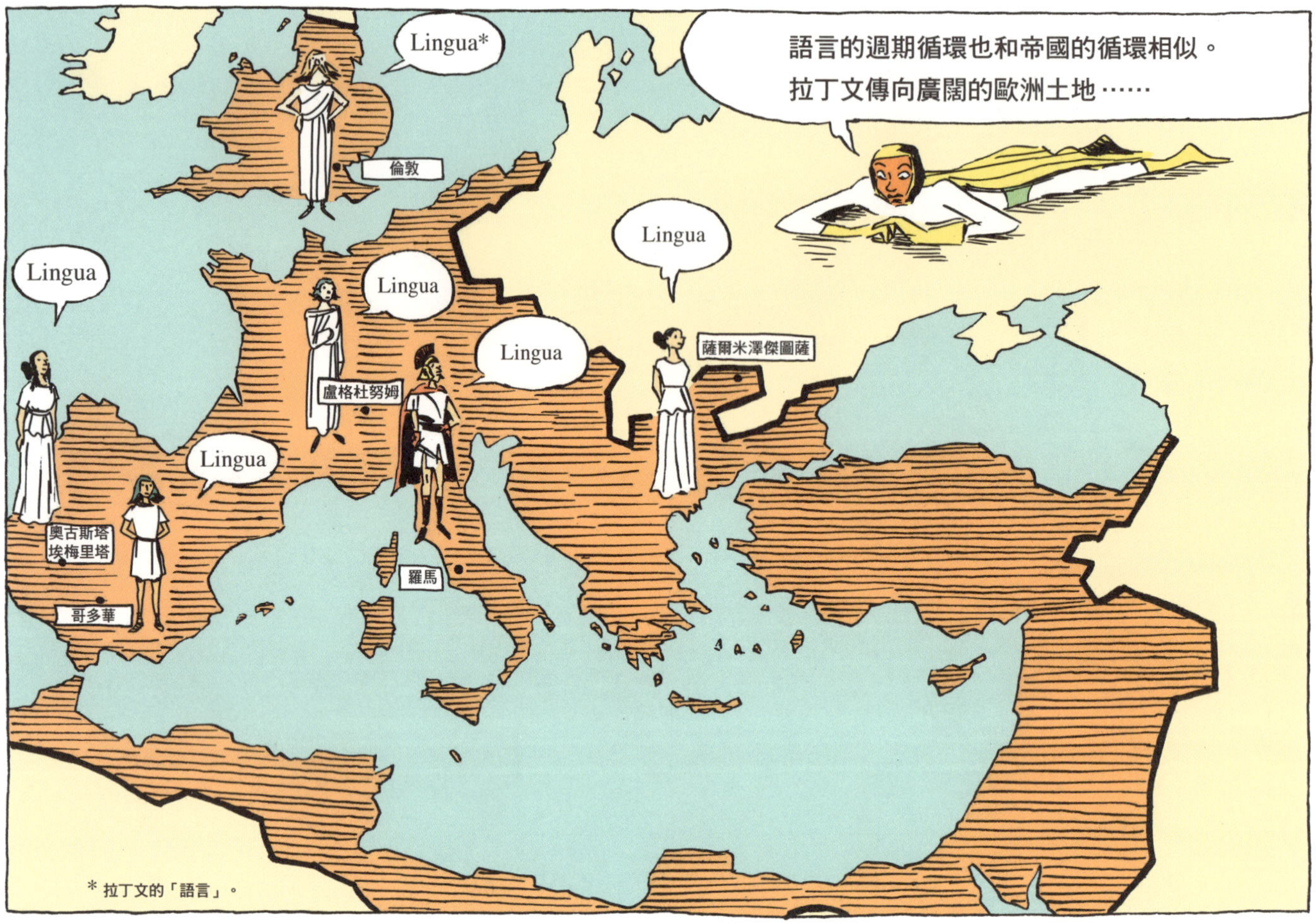
語言的週期循環也和帝國的循環相似。
拉丁文傳向廣闊的歐洲土地……
Lingua*
倫敦
Lingua
Lingua
Lingua
Lingua
Lingua
盧格杜努姆
薩爾米澤傑圖薩
奧古斯塔
埃梅里塔
哥多華
羅馬
* 拉丁文的「語言」。

……接著就分化成各種地方方言，
方言再成為各地民族的語言！
Langue
Language
Língua
Lengua
Lingua
LimbĂ

宗教也難逃我的循環之力！
基督宗教讓幾億人拋下了原本的信仰……
但自己後來也分裂成許多敵對的教派！
聽聽先知耶穌的話吧！
他才不是先知。他是神的兒子！
不對，祂就是神本人！
異端言論！
不對，祂既是神的兒子，也是神本人！
燒了這些異教徒！
這背後最大的機密，就是世界循環不息！
感謝你的精采演出，循環女超人！
再回到我最棒的各位評審員，又輪到你們了。各位認為循環女超人是我們真正的歷史操弄大師嗎？
你說的是比前幾位更有道理啦，可是……
整套邏輯有點怪怪的，但我不確定是在哪……
我覺得我們或許還需要把眼光再放得更廣一點。

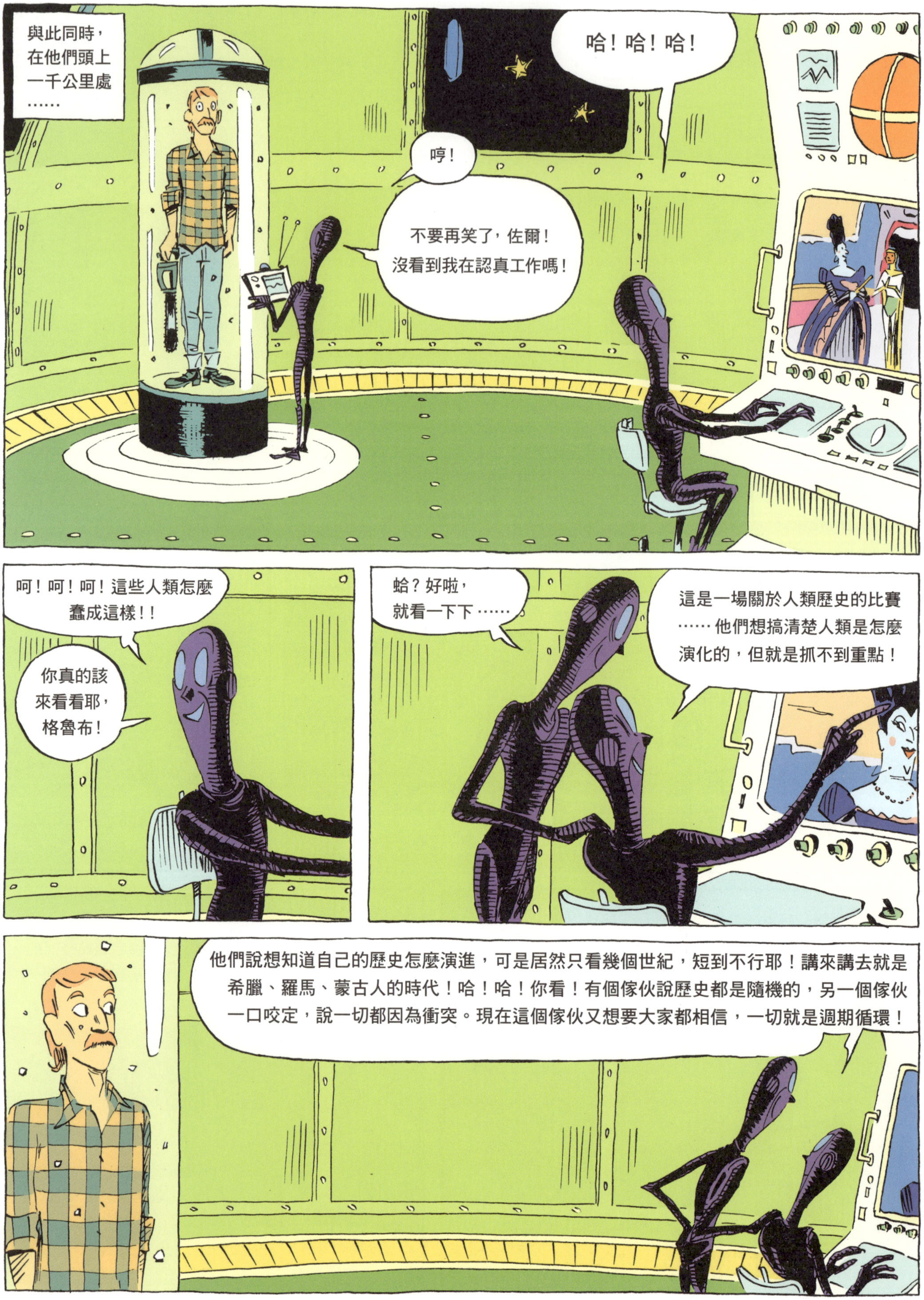
與此同時，在他們頭上一千公里處……
哈！哈！哈！
哼！
不要再笑了，佐爾！沒看到我在認真工作嗎！
呵！呵！呵！這些人類怎麼蠢成這樣！！
你真的該來看看耶，格魯布！
蛤？好啦，就看一下下……
這是一場關於人類歷史的比賽……他們想搞清楚人類是怎麼演化的，但就是抓不到重點！
他們說想知道自己的歷史怎麼演進，可是居然只看幾個世紀，短到不行耶！講來講去就是希臘、羅馬、蒙古人的時代！哈！哈！你看！有個傢伙說歷史都是隨機的，另一個傢伙一口咬定，說一切都因為衝突。現在這個傢伙又想要大家都相信，一切就是週期循環！

拜託，怎麼這麼天真？如果不往回看個至少幾千年以上，哪有可能看到全局？
像是他們有沒有講到塔斯馬尼亞？
沒有耶！提都沒提過！哈！哈！
你還記得我們研究過的那群塔斯馬尼亞人嗎？超有趣的耶！
就是說！
好啦，聊夠了……該把這傢伙放回他的群落生境了……
後續在亞利桑那……

與此同時，
在《全球演化生死鬥！》棚內……
好的，我親愛的評審團，
投票的時候到了。請大家給
循環女超人打分數！
我們可不可以請觀眾
call-in 提供一下想法？
當然可以囉。各位觀眾，
大家表現的時候到了！
如果有意見想給評審團參考，
請撥打螢幕上的號碼。
喂？您好？想不到
這麼快就有觀眾
一起參與了！
您好，請問
怎麼稱呼？
華特·特拉維森。
我叫華特·特拉維森！
評審團是不是腦袋缺了一塊啊？
他們漏了一個重要的關鍵！
太棒了，華特！
請趕快告訴
我們！
這幾位參賽者搞錯重點，
是因為並沒有真正看到歷史的全貌。
歷史既不是什麼循環、也不是什麼隨機，
更不只是一堆衝突！
節目暫停！可以這樣喔？
從哪裡多冒出來這麼一個評審？

歷史的走向其實十分明確！有時候我們看不清楚，是因為雖然有力量推動走向統一，但也偶爾會有力量造成分裂！所以如果只看短短幾個世紀，或許會覺得事情就是不斷在循環……但是只要把距離拉得夠遠，像是從某個飛碟往地球看，就會發現融合統一的力量還是遠遠更為強大！
就像是在塔斯馬尼亞的情況一樣！各位還記得塔斯馬尼亞人的事嗎？
蛤？飛碟？
大家習慣了把整個地球視為一個單元，卻忘了地球其實是像一個星系，除了有各式各樣獨立的人類世界，但也還是有許多其他行星和外星人。這樣可以瞭解嗎？
像塔斯馬尼亞就是一個完美的例子！
一萬四千年前，海面開始上升，塔斯馬尼亞也逐漸與澳洲大陸分離！
澳洲大陸
塔斯馬尼亞
幾千名狩獵採集者就這樣被孤立在塔斯馬尼亞島上……

這些人後來以為，全世界的人類只有他們自己這一群。
他們有自己的文化發展，自己的社會與政治問題，
甚至也有自己的戰爭……
他們就像一個獨立的行星。有一萬四千年的時間，
完全沒有其他人知道他們的存在。
後來，來了一些現代歐洲人，
摧毀了當地社會……簡直就像外星人入侵！
我有點離題了，但這種情況絕不只發生在塔斯馬尼亞。
像這樣的例子，人類史上數也數不盡！像是在西元378年，
羅馬皇帝瓦倫斯在阿德里安堡戰役，遭到哥德擊敗身亡。
同年，馬雅城邦提卡爾的國王大豹爪，
被提奧蒂華甘的軍隊擊敗身亡！
羅馬落敗與提奧蒂華甘崛起，兩者完全沒有任何關係，
簡直就像是羅馬在火星上，而提奧蒂華甘在金星上。
這樣懂了嗎？就像是完全獨立的不同行星！

在我們這個小小的星球上，誰知道究竟藏了多少個不同的世界呢！在一萬四千年前，可能足足有一萬個！
但隨著時間慢慢過去，獨立的世界也愈來愈少。
王國、宗教與貿易不斷向外擴張，各地人群逐漸連結起來。雖然有時候會大打出手，但畢竟每次衝突也都是一次相遇，不是嗎？
當然，也是有些帝國、語言與宗教分崩離析……但並不會變得從此毫無連結。
所以，獨立世界的總數就減少了。
一萬四千年前
10,000 個世界
⇩
西元 1 年
100 個世界
⇩
西元 1492 年
50 個世界
⇩
西元 1600 年
25 個世界
⇩
西元 2000 年
1 個世界
到頭來，這個數字就降到了「1」。而且這可不是什麼循環；這就是歷史的走向。

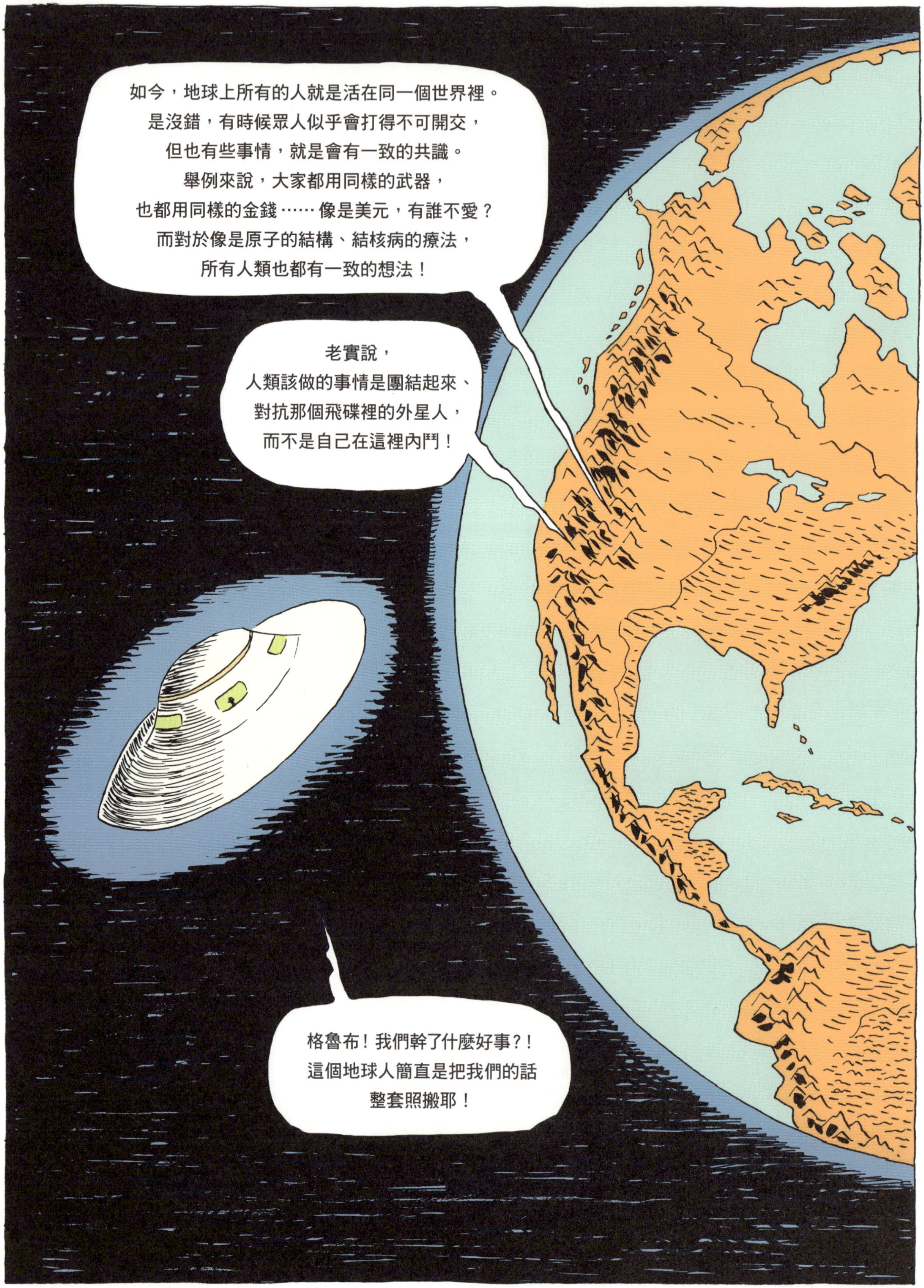
如今，地球上所有的人就是活在同一個世界裡。
是沒錯，有時候眾人似乎會打得不可開交，
但也有些事情，就是會有一致的共識。
舉例來說，大家都用同樣的武器，
也都用同樣的金錢……像是美元，有誰不愛？
而對於像是原子的結構、結核病的療法，
所有人類也都有一致的想法！
老實說，
人類該做的事情是團結起來、
對抗那個飛碟裡的外星人，
而不是自己在這裡內鬥！
格魯布！我們幹了什麼好事？！
這個地球人簡直是把我們的話
整套照搬耶！

你說的真的是
太——太有道理了！
感謝來電，華特！！
他們會發現我們的！
哪有可能？
沒人會相信他
的啦……
華特，你的分析十分精闢，
也肯定是目光獨到！
我絕對沒有不敬的意思……但請問你是
怎麼想出這些概念的？
哦，沒哪麼複雜啦……
就是飛碟裡的外星人
跟我說的！
我就說他們會
發現吧！

那我們就來問問評審團吧……
請問各位對華特・特拉維森
叫人意外的高見有何看法？
這個嘛……
呃……
對於他是怎麼得到這些觀點，
我實在無法評論……
哎呀，我先接
個電話……
……但事實上，華特說的內容絕對是對的。
那是不是說，我們這一集的三位參賽者其實都錯了，
可以直接請他們華麗離場？
似乎是這樣沒錯！他們對歷史演進
的解釋，就是沒有華特那麼清楚。
嘖……冠軍從缺嗎？
還真有誠意！
嘿，你們連我的分數
都還沒打耶！
還真巧，一堆觀眾要 call-in，
一挑就挑到坐飛碟的？！
所以人類歷史……
勢不可擋
的……
確實有個明確的
走向……
走向融合統一！
基督宗教分裂、蒙古帝國衰亡，
都只能說是這條歷史大道上的
減速丘。
而在過去幾個世紀，
這種全球融合統一的
演進明顯還在加速。

但這樣的發展
一直都在。
最早的各個人類物種，思考的時候都會
去區分「我們」和「他們」。
不管在哪，所謂的「我們」
指的都是自己身邊直接接觸的群體。
除此之外的都是「他們」。
而且會這樣想的動物，可不只有人類而已。
薩拉絲瓦蒂教授，你說是吧？
一點也沒錯！從螞蟻到黑猩猩，所有社會性
動物都會去區分「我們」和「他們」。
但到了認知革命，
智人發展出一種極為異常的新特徵：
學會透過故事，把陌生人想像成自己的朋友、
甚至想像成家人，就能夠與陌生人順利合作。
當然，這樣的兄弟情有其限度，絕對不是
對所有人都行。只要過了這座山、到了下
個谷，外面的人就都還是「他們」。

所以像是在法老美尼斯統一埃及的時候，埃及人已經很清楚
自己的國家有著邊界，邊界外面潛伏著各種「野蠻人」。
五千年前……

埃及人把「野蠻人」視為異族與威脅……
要不是「野蠻人」手上擁有埃及人想要的土地與自然資源，
否則埃及人對他們根本不屑一顧。
古埃及人所發明的宗教，也直接忽略其他民族的存在。
事實上，過去不管哪個人類想像創造出來的秩序，
都會對一大部分的人類視而不見！

但在大約三千年前，有些人想出了一個絕妙的點子：或許不一定要分「我們」和「他們」？可不可以把所有人類都放在同一個共同的秩序底下？
這個想法有三種不同的形式。第一是政治形式：或許所有人類可以屬於同一個帝國。
第二是經濟形式：或許所有人類可以屬於同一個貿易網路。
第三則是宗教形式：或許所有人類可以接受同一套教義。
人類開始想像，整個世界、全人類就是一個單元，遵循著同樣一套法則，可以是政治、經濟、也可以是某種宗教法則。
這樣一來，我們就可以把全世界都視為「我們」來運作。
至少是有這樣的可能啦。
這樣一來，就不用再區分「他們」了。

第一批成功跳出「我們vs.他們」模式、預料到人類能夠成為統一整體的人，就是那些商人、征服者與先知。
在商人看來，整個世界就是一個市場，所有人類都是潛在客戶。他們想要打造出一套適用於全世界全人類的經濟秩序。
而在征服者看來，希望整個世界就是一個帝國，所有人類都是他的潛在臣民。
而在先知看來，整個世界只會有一套真理，所有人類都是潛在的信徒。他們也想打造出一套適用於全世界全人類的秩序。
好的，這裡也有一些要給全世界全人類的消息要宣布！我們現在有……
三位新的參賽者！

《全球演化生死鬥!》
下集待續
太棒了，太棒了！哈拉瑞，
感謝你的解釋，真是太精闢了！
也剛好可以跟大家預告
下集內容！
沒錯，各位親愛的觀眾，
接下來的三位參賽者就會告訴我們，
帝國、金錢與全球宗教是如何傳播、
又怎樣塑造了歷史的發展！
然而最後的贏家只能有一位，
對吧？最後到底誰才是真正的
歷史操弄大師？
千萬別錯過接下來的這位參賽者。
她粉絲眾多……但也黑粉無數，
敬請期待——帝國女士！
CLAP!
我們都知道最後的結局：
整個世界都收歸在
單一人類文明之下。
然而，幕後黑手究竟是誰？
啪！
啪！
太棒了！
啪！
噓！
啪！
啪！
啪！
啪！
啪！

第10章

帝國女士 vs. 全世界

帝國大反擊

地行者路卡斯 出品

西元前146年——自由走入了黑暗時期……

羅馬帝國軍隊

幾乎征服了所有自由的人民

整個地中海盆地盡在其手

遭到奴役

西元前146年，羅馬帝國征服哥林多城，
希臘自主的最後據點也就此陷落。

同年，羅馬著名將領小西庇阿
也率領軍團，掃平了勇敢的迦太基城……

幾乎整個南歐，就這樣落入羅馬帝國手中。
大西洋
羅馬
黑海
迦太基
地中海
哥林多
但也不是全部！還是有不屈的凱爾特人
嚴守著小城努曼提亞，持續抵抗帝國的入侵。
高盧
伊比利亞
努曼提亞的領土，又小又荒涼。
但講到自由，他們絕不放棄！
這份勇氣讓他們成為強大的戰士，
羅馬軍團一再入侵，卻也一再遭到擊退。

足足有十年，羅馬屢屢入侵，但努曼提亞都能堅守城池。
最後羅馬下定決心，要讓這座勇敢的小城嘗嘗教訓，也在整個地中海地區得到殺雞儆猴的效果。
萬神之王在上，一切已經夠了！
膽敢抵抗羅馬的，都必須徹底消滅！我建議派出小西庇阿將軍，去對付這些努曼提亞人！
沒錯！看他們還笑不笑得出來！
小西—庇阿！小西—庇阿！小西—庇阿！
於是在西元前134年，羅馬派出手下最優秀的將軍與六萬名士兵，一舉徹底擊敗了不願屈服的努曼提亞人。
小西庇阿·埃米利安努斯，城市的毀滅者！反抗是無用的！

哈拉瑞舅舅，這種狗血劇你看得下去喔？
不覺得很無聊嗎？
無聊？！
可惡的小西庇阿正帶著軍隊，要徹底擊垮勇敢的努曼提亞人耶？！
你是八歲小孩喔？這種電影都老套啦。
反正就一直打、一直打，打到最後好像真的沒有希望了，小人物就會英勇的反敗為勝，讓邪惡帝國崩潰收場。
你真的那麼確定嗎？
對啦，這種電影我都看過幾萬部了，演來演去都一樣！來，遙控器給我，我們直接快轉到結局。
這座城要落入小西庇阿手裡了！
再也沒有希望……
▶▶快轉
勇敢的努曼提亞人！不想成為奴隸，唯一的選擇就是死亡。就讓城市燃起烈火！我們則勇敢迎向死亡！
可是這樣……反抗者的城市就燒掉了……
我就說吧！

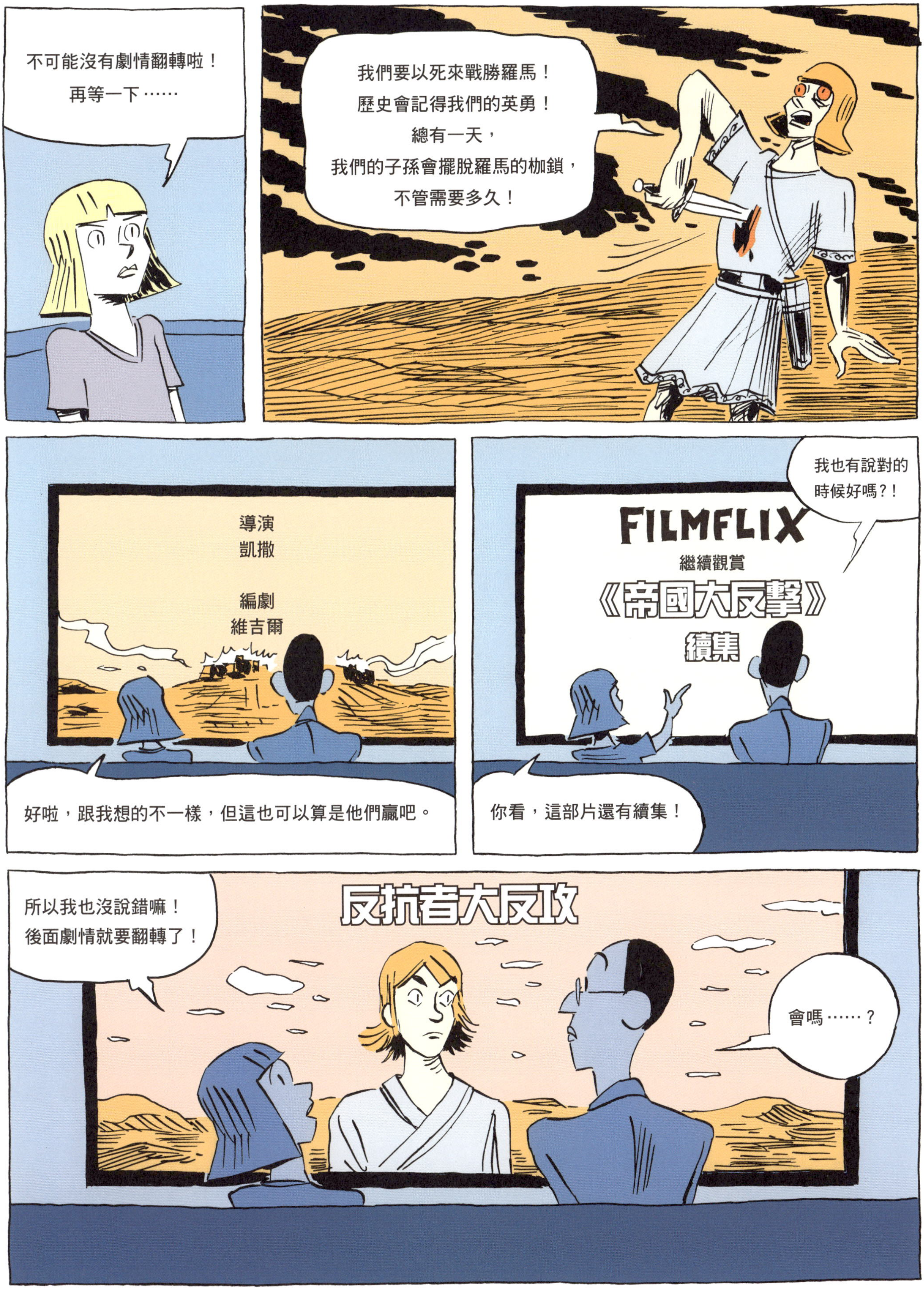
不可能沒有劇情翻轉啦！再等一下……
我們要以死來戰勝羅馬！歷史會記得我們的英勇！總有一天，我們的子孫會擺脫羅馬的枷鎖，不管需要多久！
導演
凱撒
編劇
維吉爾
好啦，跟我想的不一樣，但這也可以算是他們贏吧。
我也有說對的時候好嗎？！
FILMFLIX
繼續觀賞
《帝國大反擊》
續集
你看，這部片還有續集！
反抗者大反攻
所以我也沒說錯嘛！後面劇情就要翻轉了！
會嗎……？

幾乎兩千年後，地行者路卡斯重回故里，城市已經成為一片廢墟……
直到今天，努曼提亞人的英勇傳說還在西班牙不斷流傳。
他們的故事成了西班牙獨立和勇氣的象徵。
努曼提亞這座歷史小城，現在看起來是這個樣子……
從十九世紀，這些遺址就成了國定古蹟。
西班牙愛國者也紛紛前來朝聖。
許多西班牙劇作家、詩人與畫家的作品，都歌頌努曼提亞人的寧死不屈。就連《唐吉訶德》的作者塞萬提斯，也寫過一齣關於努曼提亞圍城的悲劇……
在塞萬提斯的劇作結尾，雖然城市成了一片廢墟，但也預見西班牙的未來一片光明。

英雄賈巴托
對抗
羅馬帝國
1960與1970年代，《英雄賈巴托》漫畫風靡西班牙，畫的是伊比利半島出身的虛構英雄賈巴托如何對抗羅馬帝國的壓迫者。
你看，哈拉瑞舅舅，最後還是努曼提亞人贏！我就說吧！
在當時的西班牙年輕族群，賈巴托甚至比超人和蜘蛛人更受歡迎……
夠了！！
哎唷！

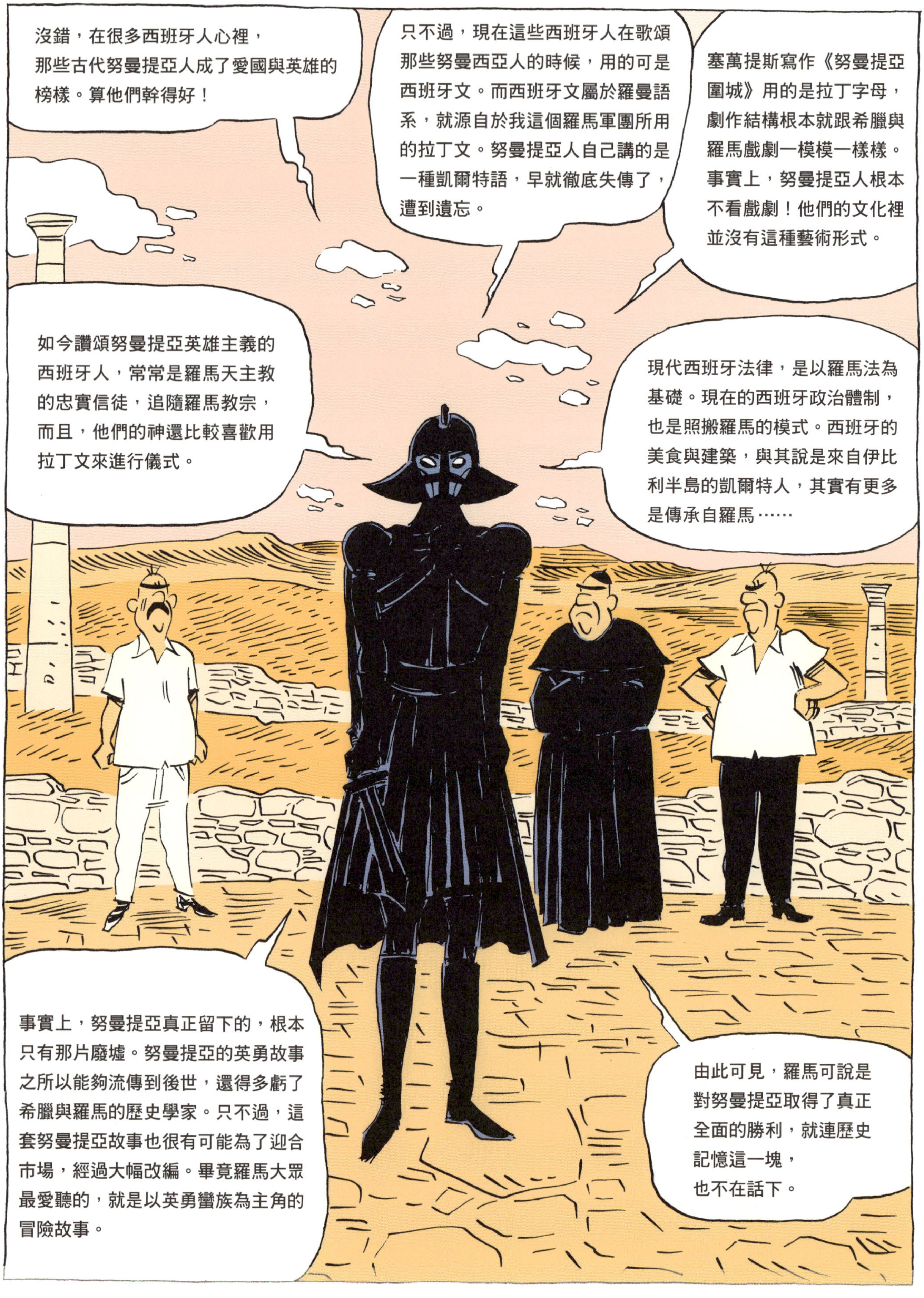
沒錯，在很多西班牙人心裡，
那些古代努曼提亞人成了愛國與英雄的
榜樣。算他們幹得好！
只不過，現在這些西班牙人在歌頌
那些努曼西亞人的時候，用的可是
西班牙文。而西班牙文屬於羅曼語
系，就源自於我這個羅馬軍團所用
的拉丁文。努曼提亞人自己講的是
一種凱爾特語，早就徹底失傳了，
遭到遺忘。
塞萬提斯寫作《努曼提亞
圍城》用的是拉丁字母，
劇作結構根本就跟希臘與
羅馬戲劇一模模一樣樣。
事實上，努曼提亞人根本
不看戲劇！他們的文化裡
並沒有這種藝術形式。
如今讚頌努曼提亞英雄主義的
西班牙人，常常是羅馬天主教
的忠實信徒，追隨羅馬教宗，
而且，他們的神還比較喜歡用
拉丁文來進行儀式。
現代西班牙法律，是以羅馬法為
基礎。現在的西班牙政治體制，
也是照搬羅馬的模式。西班牙的
美食與建築，與其說是來自伊比
利半島的凱爾特人，其實有更多
是傳承自羅馬……
事實上，努曼提亞真正留下的，根本
只有那片廢墟。努曼提亞的英勇故事
之所以能夠流傳到後世，還得多虧了
希臘與羅馬的歷史學家。只不過，這
套努曼提亞故事也很有可能為了迎合
市場，經過大幅改編。畢竟羅馬大眾
最愛聽的，就是以英勇蠻族為主角的
冒險故事。
由此可見，羅馬可說是
對努曼提亞取得了真正
全面的勝利，就連歷史
記憶這一塊，
也不在話下。

嘿，你是在講什麼鬼話？
我們都聽到了！
說謊可不對！
?!?
各位先生，我肯定你們是聽不慣這些故事……
說對了！
那可不！
就是說嘛！
當然，大家都愛看到弱者反敗為勝的情節。但很遺憾，歷史就是沒有正義這回事……
各位先生，面對事實吧！努曼提亞小城就是遭到無情的帝國軍隊踏平，它的文化已被抹去。
就算是大帝國，最後也難逃衰亡，但卻會留下豐富而長久的傳承。
哼！
不管我們喜不喜歡，我們都是某個帝國的產物。
全片終
哈！
智人電視臺
您與智人電視臺的下一場約會，是您最愛的電視購物節目
納西爾&克麗蒂商店

納西爾&克麗蒂商店
克麗蒂，我們的今日精選商品是什麼呢？
親愛的納西爾，我們今天要介紹的商品，大家平常不見得會意識到它的存在，甚至還有人不太喜歡，可是所有的人其實幾乎每分鐘都不能沒有它喔，那就是：帝國！
帝國？我還以為這種商品在1940年代就停產了。
是沒錯，當時有些顧客抱怨這項商品的副作用，像是戰爭、奴役、種族滅絕之類的。
天啊！你確定這項商品真的安全嗎？
現在大家都還是天天在用唷！你看看這個……
哇！好美的復古老物！這是哪一個帝國啊？
這是羅馬帝國，納西爾。可說是帝國的經典款！
這可是用了幾百個不同的民族，才縫出這個樣子……你瞧瞧這個精美的縫線。
真是太棒了！彈性好好！而且真沒想到，這些邊緣這麼柔韌，可以這樣拉來拉去。真是太讚了，克麗蒂！
納西爾，你眼光真好，就是能看到那些小細節。帝國最棒的一點，就在於可以自由加入更多民族與領土，但並不需要改變基本的結構和身分認同。
預購專線，立刻來電：0800-088-088

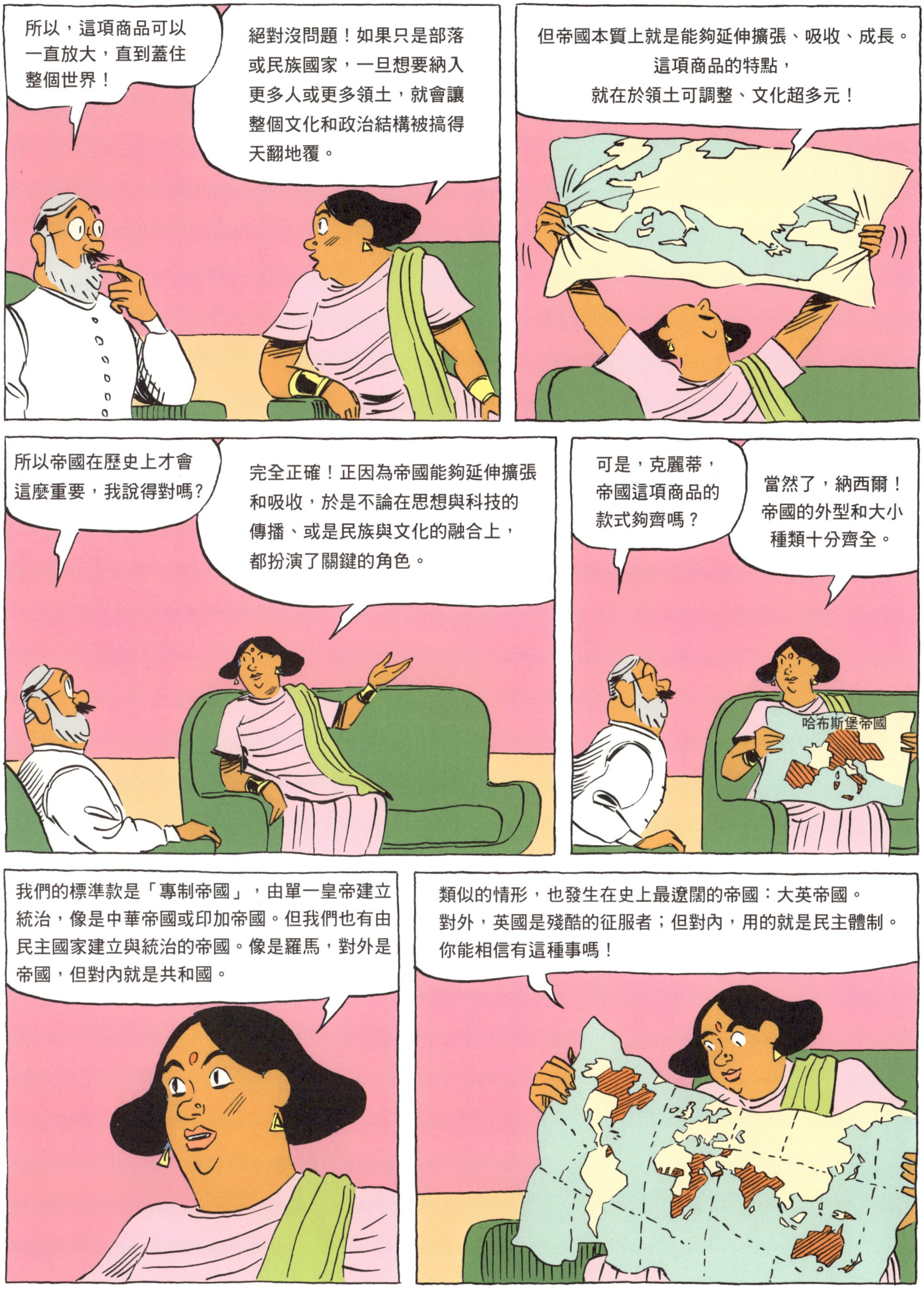
所以，這項商品可以一直放大，直到蓋住整個世界！
絕對沒問題！如果只是部落或民族國家，一旦想要納入更多人或更多領土，就會讓整個文化和政治結構被搞得天翻地覆。
但帝國本質上就是能夠延伸擴張、吸收、成長。這項商品的特點，就在於領土可調整、文化超多元！
所以帝國在歷史上才會這麼重要，我說得對嗎？
完全正確！正因為帝國能夠延伸擴張和吸收，於是不論在思想與科技的傳播、或是民族與文化的融合上，都扮演了關鍵的角色。
可是，克麗蒂，帝國這項商品的款式夠齊嗎？
當然了，納西爾！帝國的外型和大小種類十分齊全。
哈布斯堡帝國
我們的標準款是「專制帝國」，由單一皇帝建立統治，像是中華帝國或印加帝國。但我們也有由民主國家建立與統治的帝國。像是羅馬，對外是帝國，但對內就是共和國。
類似的情形，也發生在史上最遼闊的帝國：大英帝國。對外，英國是殘酷的征服者；但對內，用的就是民主體制。你能相信有這種事嗎！

像這種由民主國家建立的帝國，我們還有其他款式……
我來找找……有荷蘭帝國、法國帝國、美國帝國
哎呀，還真沒想到！這裡看起來好像還有個比利時帝國……
當然，我們也有一些迷人的復古款式，例如除了經典款的羅馬帝國之外，還有一些古代帝國，是由威尼斯、諾夫哥羅德、迦太基、雅典這樣的共和城邦建立。
哇！這個帝國好小啊……
這是個才在學走路的帝國小寶寶嗎？
這其實是巔峰時期的雅典帝國！
怎麼可能？！帝國不都應該要很大嗎？而且你看，你說這什麼雅典帝國，比現代的希臘還小。
但也沒有人說現代的希臘是個帝國啊！
你們男人喔……大小才不是重點，重點在於多元性！
雅典帝國之所以是帝國，是因為它統治了幾十個原本獨立的城邦、部落與民族，原本都各有不同的傳統、宗教信仰與語言。
而現代希臘之所以不算是帝國，是因為現在的它就只是一個民族國家。
這我就不懂了。這片土地在現代就只是一個小小的民族國家，古代人是怎麼把幾十個不同的民族都擠進這麼小的土地？
這個嘛，以前世界上不同的民族數量多得多……
但每個民族的人口與領土又少得多。

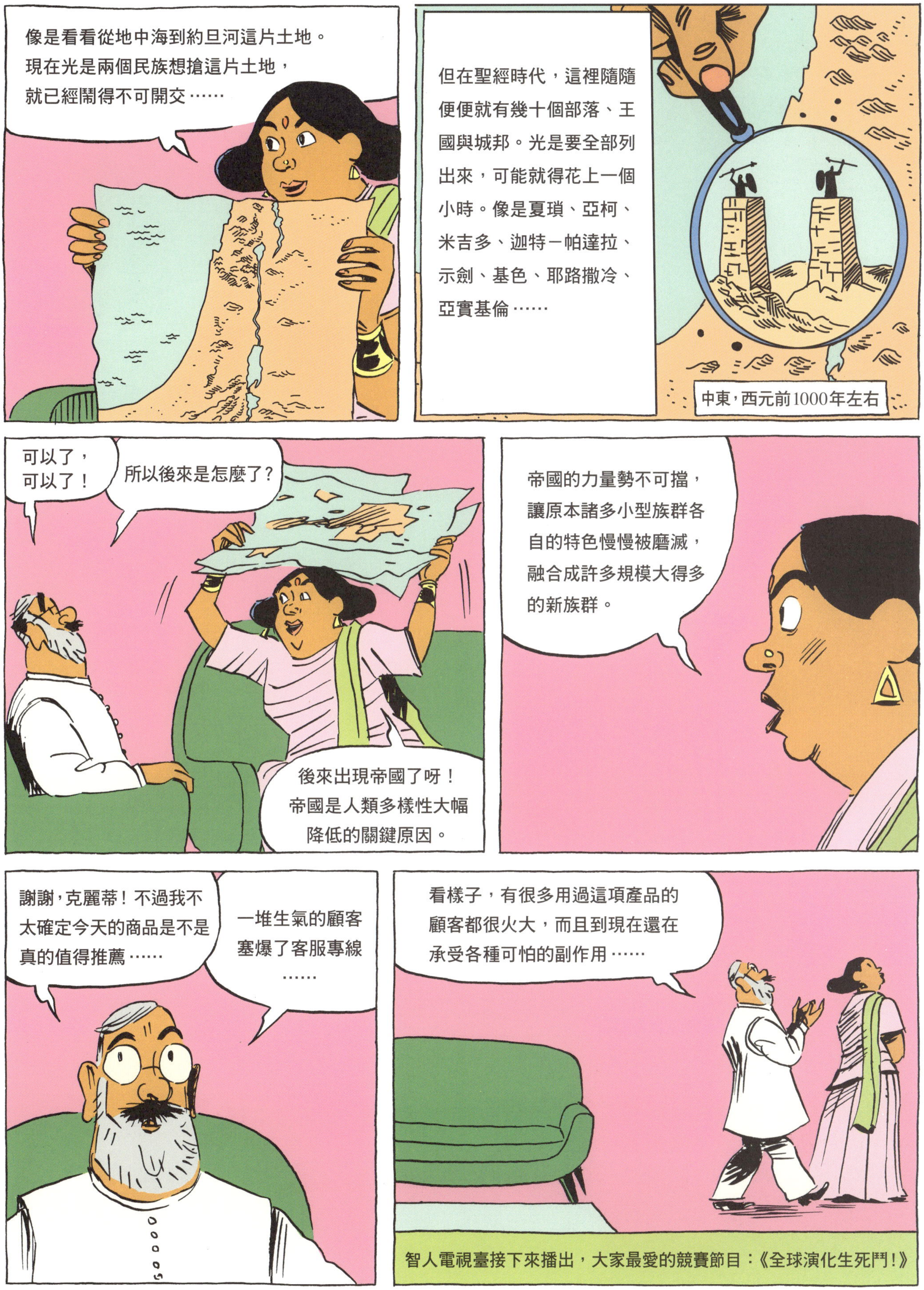
像是看看從地中海到約旦河這片土地。現在光是兩個民族想搶這片土地，就已經鬧得不可開交……
但在聖經時代，這裡隨隨便便就有幾十個部落、王國與城邦。光是要全部列出來，可能就得花上一個小時。像是夏瑣、亞柯、米吉多、迦特－帕達拉、示劍、基色、耶路撒冷、亞實基倫……
中東，西元前1000年左右
可以了，可以了！
所以後來是怎麼了？
後來出現帝國了呀！帝國是人類多樣性大幅降低的關鍵原因。
帝國的力量勢不可擋，讓原本諸多小型族群各自的特色慢慢被磨滅，融合成許多規模大得多的新族群。
謝謝，克麗蒂！不過我不太確定今天的商品是不是真的值得推薦……
一堆生氣的顧客塞爆了客服專線……
看樣子，有很多用過這項產品的顧客都很火大，而且到現在還在承受各種可怕的副作用……
智人電視臺接下來播出，大家最愛的競賽節目：《全球演化生死鬥！》

歡迎回來，現在就請用最熱烈、最華麗、最充滿粉紅泡泡的掌聲，歡迎我們最新一位的參賽者……
帝國女士！！！
噓！
啪！
啪！
打倒帝國！
啪！
噓！
啪！
搞迫害的！
法西斯份子！
帝國主義者！
嘿，各位風度呢？
請大家有點禮貌！不可以這樣侮辱我們的參賽者！
沒關係，希羅達，在我這行，衝突慣了！
光是有衝突女超人就已經夠了！幹嘛還來個玩同一套把戲的！
哦，可別把我跟那個頭腦簡單的搞混，我的故事複雜多了。

大家安靜！太誇張了吧！
怎麼這麼沒禮貌！
這節目找個帝國主義的幹嘛？
這個女人支持的政治制度爛透了，對人類只有壞處！
帝國都很邪惡，就是在搞破壞和貪腐！
每個民族都該有自決權，絕不該被其他民族統治！
帝國的運作根本不行！歷史早就一次又一次證明了這一點。
國家不應該用武力征服統治其他國家！這樣就是不對！
容我說一句，帝國的運作比大家以為的有效率多了……
好了，夠了！大家冷靜一下！
噓！
噓！
噓！
噓！

至少現場
很熱烈啦！
沒關係，希羅達。像這樣的反應，
剛好可以讓我打破一些常見的誤解……
首先，跟大家可能相信的恰恰相反，
在過去兩千年間，
其實全球最普遍的政治體制就是帝國了……
在這段時間裡，
大多數人類都是活在
這個帝國或那個帝國的
統治之下……
而且，帝國這種治理形式
其實非常穩定。
雖然被征服的國家
有時會起義叛亂，
但絕大多數最後還是
會被鎮壓敉平。
所有帝國最後必然瓦解！
人民一定能
重獲自由！
沒錯，所有帝國最後
都一定會瓦解，
但通常並不是因為被
所征服的族群起義
推翻。比較常見的是
因為外族入侵、
或統治高層內部分裂。
而且在帝國衰亡的時候，被征服的族群很少能夠
完整恢復原狀、重新崛起。這些族群常常已經
被帝國吸收了，就像小魚已經被巨大的虎鯨
消化了一樣。
噓！
拜託喔！上面的
觀眾，請冷靜！
各位怎麼說呢？
我親愛的評審們？
帝國女士說得對嗎？
呃……
算不上錯
啦……

西元五世紀，日耳曼部落入侵，使西羅馬帝國滅亡。但先前幾個世紀被羅馬征服的幾百個民族，像是努曼提亞人，並沒有突然就又從帝國的肚子裡跳出來……
這些民族幾乎沒留下任何痕跡。他們曾經有自己的語言、自己的神、自己的神話，但是這些人的後裔後來的語言、神祇和思想，就跟羅馬人一模一樣。他們已經變成了羅馬人。
S.P.Q.R
阿維爾尼人
赫爾維蒂人
努曼提亞人
薩莫奈人
盧西塔尼人
翁布里亞人
伊特拉斯坎人
等到羅馬這個所謂邪惡帝國衰亡的時候，這些人並不感到高興。在他們看來，羅馬就是自己的國家。
在帝國崩潰的時候，原本在內部受壓迫的族群也不一定能獲得獨立，而常常是又被新的帝國征服。中東就是最標準的例子……
整個中東地區就是不斷被一個又一個的強大帝國吞噬……從大約三千年前新亞述帝國崛起，到二十世紀中葉的英法帝國，中東就是連續被各個帝國系統性的吸收與控制。

等到英法帝國在二十世紀中葉崩潰，
原本遭到亞述帝國征服的諸多民族，早已消逝。

以東人　亞蘭人　亞捫人　腓尼基人
　　　　　　　非利士人　摩押人

確實，有些現代的民族，例如猶太人、亞美尼亞人和喬治亞人，仍然覺得自己是古代中東的後裔。但正是因為有這幾個例外，反而證明了歷史法則的存在。

而且，這些民族的說法也有些誇大。現代猶太人的政治、經濟和社會作風，來源其實有比較多是來自這兩千年來統治猶太人的帝國，而不是傳承自古代的猶太王國。

要是大衛王來到如今耶路撒冷的極端正統猶太學校，發現這裡既沒有國王、也沒有聖殿，肯定不會開心。而且，再看到大家穿的是十八世紀波蘭貴族的服飾，講的是意第緒語這種日耳曼方言，談的是亞蘭文寫的《巴比倫塔木德》，也一定會讓他目瞪口呆。

不好意思，請問王宮怎麼走？

真的嗎？

真的是這樣！不論是《舊約》、《塔木德》或許多的猶太習俗，都是在猶太人處於各個帝國統治、受到這些帝國文化影響的時候，發展出來的。

兩千六百年前的希伯來文字。

現在的希伯來文字。

舉例來說，猶太人早就放棄了原來的希伯來文字，改用亞述帝國的官方文字。直到現在，無論《妥拉》或報紙，都還是用這種文字來書寫。

＊摘自以色列《獨立宣言》，1948年。

84

征服猶太人的帝國，甚至也影響了猶太人的宗教信仰。《妥拉》從沒提到人類在死後仍有靈魂永存，又或是會在來世得到什麼獎賞或懲罰。
大衛王時代的猶太教，並沒有這些內容。這些思想是等到後來，才從波斯的祆教和希臘柏拉圖的哲學，滲透到猶太教……
當時猶太人就是受到波斯與希臘的統治。
當然，觀眾對帝國女士會有這些批評，也絕對有道理。帝國的建立與維持，難免都需要殘酷屠殺大量人口，並對倖存者進行殘暴鎮壓。
帝國慣用的工具，就包括了戰爭、奴役、驅逐和種族滅絕……
在歷史上，帝國曾經讓幾十億人痛苦萬分。
每當地方人士試圖抵抗，羅馬帝國並不會有太多猶豫……就是直接輾壓一切……
西元83年，入侵蘇格蘭
經歷羅馬帝國主義肆虐的倖存者，把羅馬稱為「世界的強盜」。
加里多尼亞的首領卡爾加庫斯，就說羅馬人讓「燒殺擄掠成了帝國的代名詞，他們讓一切成了沙漠，還說這就是和平。」
這樣看來，帝國女士，該請你表達一下意見……
這些關於你的事情，實在不好聽啊……
的確，這些都是事實，我不打算說謊。帝國通常是很殘酷，我也不否認。但這並不代表帝國真的一無是處、對後世毫無價值。

這樣我懂了。我們所有人，沒有例外，都有部分文化傳承是來自帝國……
全盤否認帝國的優點，等於是幾乎也把自己的文化全盤推翻！
就是這樣。回到羅馬的例子……
確實，羅馬帝國極為殘暴……
但我們根本無法想像，要是真的沒了羅馬的哲學、宗教、法律與藝術傳承，現在的生活會是什麼樣子！
正是帝國的繁榮，才讓西塞羅、塞涅卡、維吉爾和聖奧古斯丁有錢有閒，能夠思考寫作。
SPQR
又例如，蒙兀兒帝國剝削了數百萬印度子民，但也建起了泰姬瑪哈陵……
哈布斯堡帝國壓榨克羅埃西亞人、捷克人和波蘭人，但也是莫札特的背後金主……

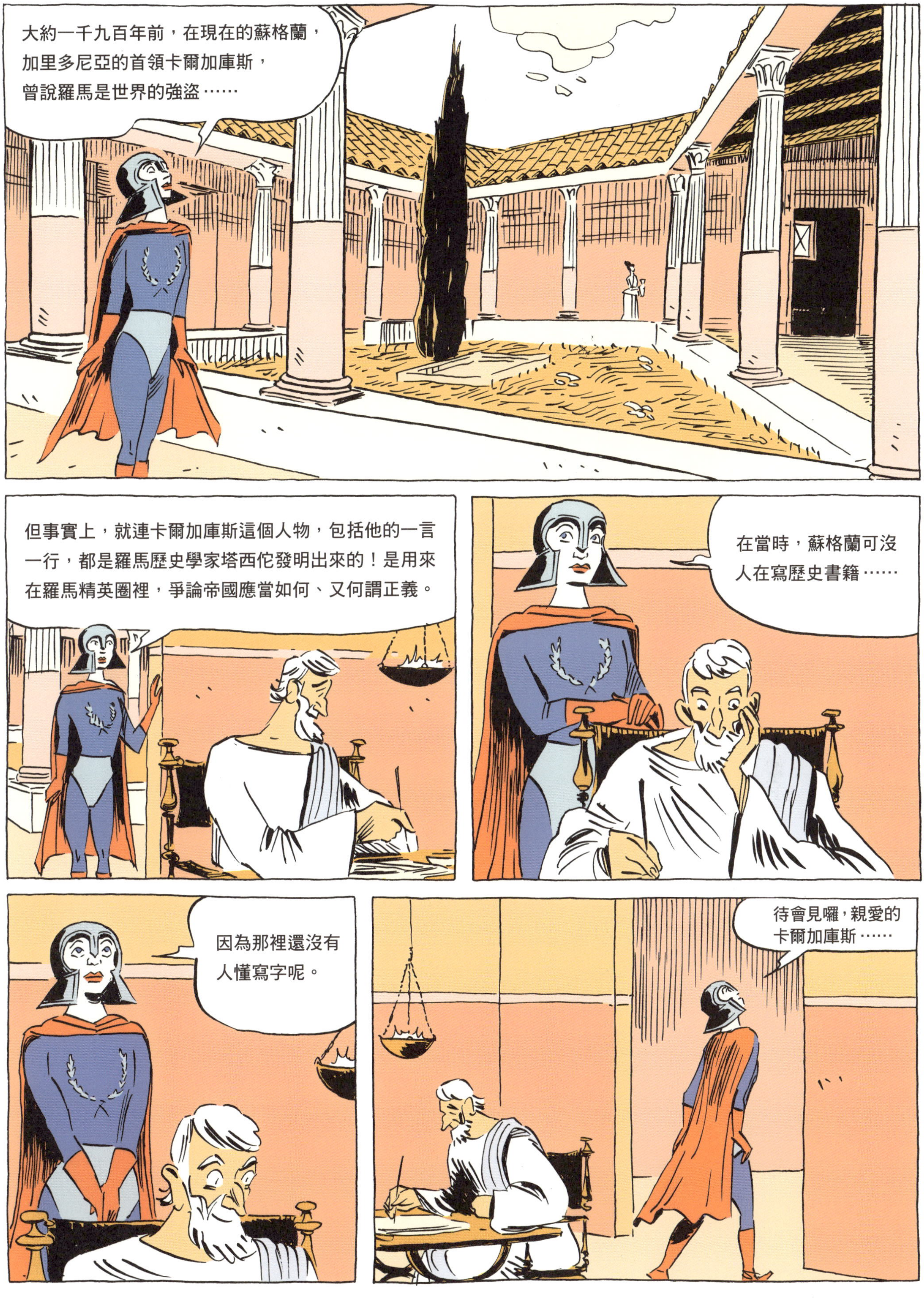
大約一千九百年前，在現在的蘇格蘭，
加里多尼亞的首領卡爾加庫斯，
曾說羅馬是世界的強盜……
但事實上，就連卡爾加庫斯這個人物，包括他的一言
一行，都是羅馬歷史學家塔西佗發明出來的！是用來
在羅馬精英圈裡，爭論帝國應當如何、又何謂正義。
在當時，蘇格蘭可沒
人在寫歷史書籍……
因為那裡還沒有
人懂寫字呢。
待會見囉，親愛的
卡爾加庫斯……

如今大多數人，上至總統、下至最底層的公民，思考和做夢時所用的語言，都來自於過去曾拿刀劍對著自己祖先的征服者。
例如大多數東亞人講話和做夢的時候，用的是各種源自於漢帝國的華語方言，而不是祖先在這個帝國崛起前所用的語言。
像是在南北美洲，居民溝通使用的語言多半就是西班牙語……
……葡萄牙語……
……法語……
……或者英語……
發現了嗎？全都是帝國的語言……
現在的埃及人覺得自己是阿拉伯人，講阿拉伯語、用阿拉伯語做夢。但其實是阿拉伯帝國在西元第七世紀暴力征服了埃及，逼迫大多數埃及人放棄原本的語言與宗教……
而目前在南非自認是祖魯人的族群，其實祖先的部落多半曾和祖魯帝國為敵，經過血腥的軍事行動，才遭到鎮壓融合……

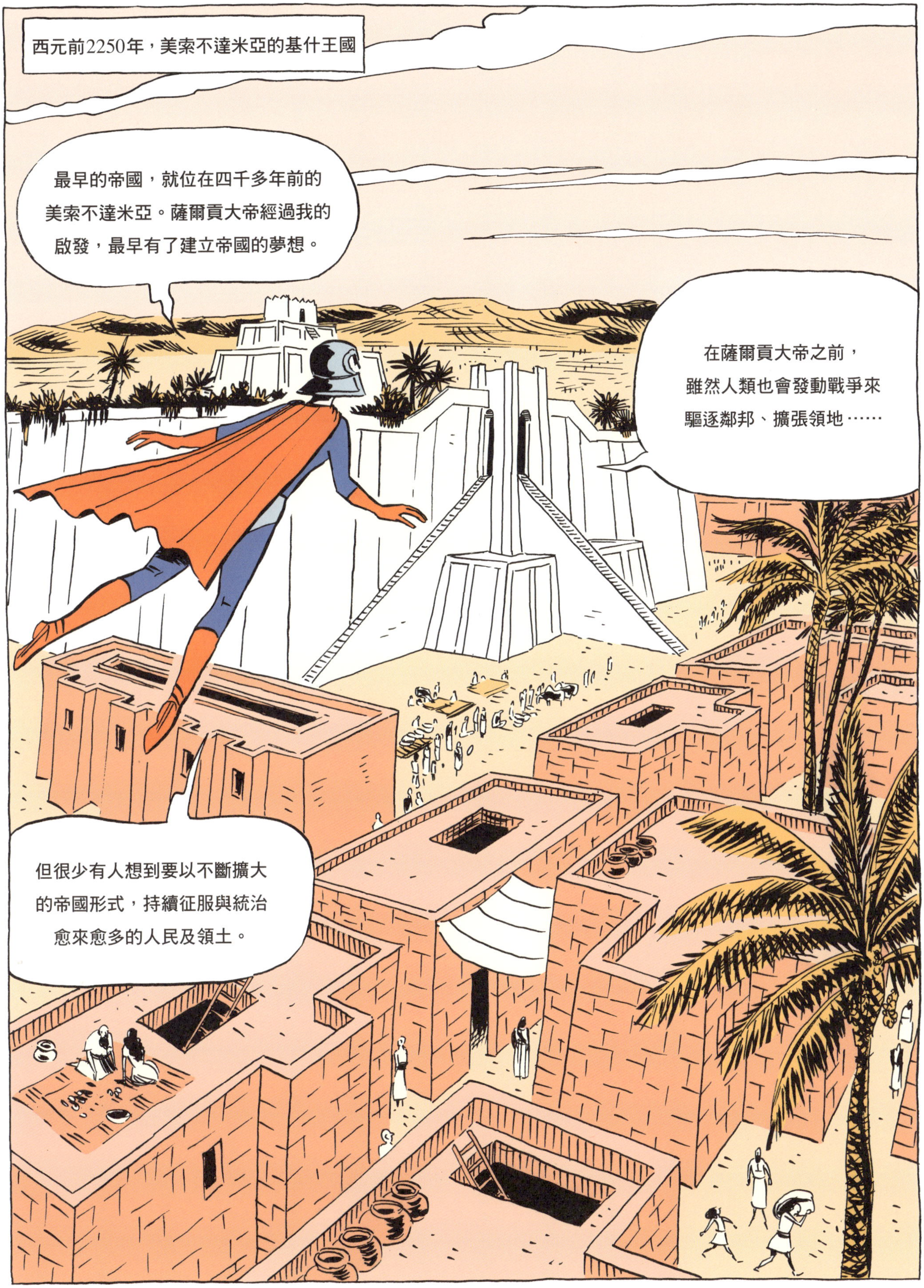
西元前2250年，美索不達米亞的基什王國
最早的帝國，就位在四千多年前的美索不達米亞。薩爾貢大帝經過我的啟發，最早有了建立帝國的夢想。
在薩爾貢大帝之前，雖然人類也會發動戰爭來驅逐鄰邦、擴張領地……
但很少有人想到要以不斷擴大的帝國形式，持續征服與統治愈來愈多的人民及領土。

我開始讓薩爾貢心癢癢、想要四處征服之後，
立刻知道他會是個好主顧。
短短幾十年，他不但征服了美索不達米亞所有
其他城邦，還把領土延伸到更遠的彼方。
打下這大片江山之後，薩爾貢一心
認為自己幾乎統治了全人類……
大功告成，
就這樣了！
整個世界盡在
我手中！

老實說，薩爾貢的阿卡德帝國並沒有真的征服整個地球……
黑海
裏海
安那托利亞
薩爾貢帝國
地中海
埃及
波斯灣
只涵蓋了現在的伊拉克、伊朗、敘利亞、土耳其部分地區……
但這不是重點，重點是讓全世界看到了一個新的概念……
所有人民與所有一切，都由單一統治者來統治！

薩爾貢駕崩之後，
阿卡德帝國隨之
覆滅。
但帝國的概念留了下來，
還向外傳開。
陛下，老樣子嗎？
嗯……換一下好了……
給我弄個薩爾貢那樣的
帥鬍子。
一千七百年後
在大約兩千年期間，這個地區陸續出現
薩爾貢模式的帝國，幾乎所有亞述帝國、
巴比倫帝國與西臺帝國的國王都以他為榜樣。
他們都想要統治
全世界。
接著，到了大約西元前550年，波斯的
居魯士大帝讓帝國的概念，有了叫人
大開眼界的新發展……
他除了聲稱自己統治全世界，還說這是為了
全人類好！

在過去，亞述帝國的歷任國王會說自己是為了亞述的榮耀與利益而奮鬥。但居魯士說自己是為了全人類的最大利益。這在當時可是一種全新的態度。
這是為你好！
我們摧毀這個村莊，是為了要拯救你們！
對於所征服的人民，居魯士其實也會展現懷柔的態度。
朕允許各位回到猶大王國，在那裡重建聖殿！
朕甚至會為此提供經濟支援！
在居魯士心中，自己絕不只是波斯人的國王，統治猶太人也不是只是要剝削他們、為波斯謀福利。
他也要當猶太人的國王，為猶太人謀福利。
事實上，波斯帝國的暴力與殘酷絲毫不下於過去的帝國。它說自己慈善為懷，多半只是一種宣傳手法，但卻是一種新的宣傳，承諾帶來美好的未來。
黑海
裏海
居魯士帝國
埃及
阿拉伯
紅海
印度洋
這逐漸改變了所有的人對世界與人類的看法。

智人與許多其他社會性哺乳動物一樣，基本上是排外的。在居魯士之前，人類就會把其他人分成「我們」和「他們」。
所謂的「我們」，就是有著共同的語言、宗教和習俗……
而所有外面的人就成了「他們」。我們沒興趣知道他們過得好不好，也絕對不想看到他們出現在我們的土地上！
在蘇丹丁卡人的語言，所謂的「丁卡」就是「人」的意思。只要不是丁卡人，就不算是人。
附近的努爾人是丁卡人的死對頭，而在努爾人的語言裡，「努爾」指的是「原本的人」。
原本的人
人
真正的人
唯一真正原本的人
全世界都很常看到這樣的態度……
原本的人
人
真正的人
人
人
尤皮克人住在阿拉斯加和西伯利亞，而「尤皮克」的意思是「真正的」……

有一段很長很長的時間，智人一直是這麼想的……
我們才是唯一真正的人，而你們就是……怪物！我們不想看到你們！
滾開！滾出我的視線！
現在……立刻滾蛋！
真是霸氣外露，好帥喔……
一比之下，就知道居魯士想法的革命性與偉大之處。在他想像出的政治秩序裡，所有人都是「我們」，而沒有「他們」。這在當時是一種極為包容的政治意識型態。
包容？？你不覺得這樣也講得太誇張？
我會說，帝國主義多半是把統治者與被統治者之間的種族和文化鴻溝挖得更深，或是強行要所有人都接受同一種文化！那公平嗎？
我並沒有說帝國這種概念是公平的，我說的是它代表了包容。許多後續帝國犯下的罪行，正是因為想要追求這樣的包容，想要把所有人都拉進來，但結果搞得所有人都不得安寧。

在居魯士之後，帝國主義開始覺得自己像是明智的父母，而被征服的人民則是任性的小孩，必須管好秩序，偶爾也該好好教訓一下。
理髮店

這種父權思維，從居魯士傳給亞歷山大大帝，再傳給希臘國王、羅馬皇帝、穆斯林哈里發、印度君主…… 一路傳到了蘇聯領導者與美國總統！

亞歷山大大帝征服今日阿富汗一帶的時候，下令在那裡打造出一座希臘風格的城市。
這裡蓋一間劇院，那裡建一座體育館！
當然都要是希臘風！只有這種風格才適合我。
給那些野蠻人來點文化，對他們好處多多……
那些阿富汗人民還沒有得到來自阿拉的福音，實在讓我太心痛了。要是我不做點什麼，真害怕他們都得在地獄裡燃燒。你知道，他們就像我的孩子一樣。
你就帶著軍隊去好好勸勸他們吧。
我們得讓那些在喀布爾的同志知道，怎樣在那裡建立社會主義的天堂。
蘇聯
你去幫幫他們吧！
我們得把民主與人權的福音帶給阿富汗的善良人民。
你知道應該怎麼做了……

大約西元800年，中美洲
當然，我努力的地方不只在地中海與西亞地區。
幾乎在全世界各個地區，我都給類似的帝國夢想，
播下了種子。
而我很榮幸，
這些概念在某些地方
格外受歡迎，像是
在中美洲……
如此如此……
以及中國！

根據傳統的中國政治理論，老天會給特定的家族賦予「天命」，要他們以慈愛的心統治寰宇，造福萬民。
這在中文就稱為「天下」。
各位都活在天底下，對吧？
呃，不然還能活在哪？
這人是在講什麼鬼話？
太好了，所以你們都是我的子民！別擔心，我會好好照顧大家的！
從這套天下的概念看來，一旦得到天命，普天之下莫非王土。要是沒得到天命，別說是天下，就連統治一座城池的權力也沒有。
而只要享有天命，就有義務將正義與和諧傳播到全世界，甚至包括那些並不想「被和諧」的人。

正因為天只有一個，所以整片大地
也只能有一個合法政權。
秦始皇，
第一位統一中國的皇帝。
六合之內，
皇帝之土。
人跡所至，
無不臣者。
功蓋五帝，澤及牛馬。莫不受德，各安其宇。
這種思想在中國
流傳了幾千年。
在歐洲，眾人慢慢開始覺得，
還是應該把世界劃分為
許多不同的民族國家。
但在中國，卻認為政治分裂、群雄割據
是一種黑暗與混亂；
相較之下，帝國一統才是
有公理秩序的黃金時代。
每當歷朝歷代的中華帝國崩潰，新興的勢力總是
達不成協議，無法將整片中華領土切成幾塊、
各自分家。

於是，遲早會有其中一國把其他國征服，重新建起單一的帝國。
好，就算帝國多半能長長久久，也能擴張領土、敉平叛亂。這些都很棒啦，可是……
帝國這個概念還是爛透了！你看看帝國搞出多少死亡和破壞！
這算什麼公理正義！
要是我沒搞錯，我參加的這場比賽是要看誰是歷史的操弄大師……而不是比誰最符合公理正義。
我從來沒說自己有多正義，但我就是操縱著歷史，控制了歷史的整體發展。
而且我們在上一集聽到，歷史大致的走向就是融合統一。而我本人在這裡所扮演的角色，就是促進這樣的融合統一。

大家看起來似乎
還是半信半疑……
好吧，我顯然還沒
說服各位……
讓我再舉
個例子！
在某座想像的古城裡……
各個帝國想方設法，
把許多小型人類文化融合統一，
變成少數的大型文化。
帝國就是文化熔爐……
比起彼此都被邊界隔開
的許多小國家，單一的
大帝國自然遠遠更有利
於人員、思想、商品與
技能的流通。
跟著我去看看統治者的
狀況，你就會瞭解了……

今年，北方省繳來了10萬黃金迪拉姆、10萬噸穀子；
大東方省繳來200萬銀第納爾、10萬蒲式耳的穀物；
南北州繳來了35萬什梅克和10萬木須的穀物，
還有某某省……
呃，臣惶恐！
小的連看都看不懂他們的語文，恐怕得找宮裡在辦這些事的人來看一下。
得了得了，朕知道了！你是我的財務大臣，對吧？！就講我想知道的就好。
這樣最後算起來是多少？
整個帝國會收到多少錢和穀物？
呃……
這很難說呀，陛下！
貨幣和稅目都不一樣！
陛下，您看看，把整個帝國的制度、習俗和度量衡都統一起來，如何？
喔？你覺得這是好主意嗎？
要是整個帝國的法規、文字、度量衡和貨幣都統一，
整個帝國就更容易統治了！
標準化！
聽起來太棒了！
整個帝國的文化統一，也有助於讓人民對帝國產生認同感，甚至連被征服的人也會心服口服。
你確定？
那些異邦份子曾經被我的軍隊屠殺俘虜耶？
我看你是頭殼撞壞了吧！不只是他們會恨我至死，就連他們的後代子孫也會恨我到天荒地老！
嗯……
這確實需要一點時間來化解。

但只要培養出了共同的帝國文化，就算你曾經屠殺了祖父母輩，他們的孫子女還是很有可能把你當成救世主來擁戴。
真的假的？這種事情真的發生過嗎？
當然呀！像是在阿拉伯征服埃及大約兩百年後，就發生過這種事情，我跟你說……
比赫特與寇特侯姆走出清真寺……
這場禮拜讓人好振奮！我覺得整個人都煥然一新了！
讚頌真主，還好阿拉伯征服了我們的祖先、平息他們的叛亂。
否則我們就還是異教徒了！
阿拉伯征服了我們的祖先？你們在說什麼？我們不就是阿拉伯人嗎？
喔，老天呀，太棒了！
陛下，我先告退！

把帝國文化推而廣之，除了能讓帝國的統治變得更簡單，還能給帝國的暴行找到藉口……
至少在那些統治者看來是這樣。
中國皇帝聲稱他們承繼天命，絕不是在剝削世界，而是在教育萬民。
在西元前三世紀的印度，阿育王也覺得自己有責任把佛陀的教義，帶給這個無知的世界。
穆斯林哈里發也是受到阿拉託付，要傳播先知的啟示，雖然最好是用和平的方式……
但必要的話，也是可以動用武力……

西班牙帝國和葡萄牙帝國堅稱，自己出征海外
絕不只是在搶奪金銀財寶。
而說自己也是一片苦心，
要讓那些原住民改信
真正的基督宗教。
同樣的，英國這個
日不落國高舉的使命，
也說是要傳播自由主義
與自由貿易的福音。
至於蘇聯，則覺得自己有義務推動歷史，
從資本主義走向烏托邦無產階級專政，
認為這是歷史無可改變的進程。

24 NEWS
許多美國人認為，美國政府身負著一項道德責任，就是要將民主、自由市場與人權的概念傳播到全世界，就算是透過巡弋飛彈與F-16戰機，也無可厚非。
這些帝國文化多半有一項重要特點：很少是單純由統治精英打造出來的。
很多時候，帝國努力傳播的文化，其實是由統治者與被統治者共同創造的混合體。
帝國所提出的願景，常常具備普世與包容的特徵，方便帝國精英吸收自己從任何地方——包括被征服者那裡，所取得的思想、規範與傳統，而不需要堅持自己祖先的傳統。
24 NEWS
精采節目在廣告之後 馬上回來！
那些締造了豐功偉業的帝國，都是融合了多種文化，打造出新的混合文明。

看看 IMPERIAL MIXER® 的使用好評…… 一旦用過，就回不去了！

感謝所有觀眾一同觀賞《全球演化生死鬥！》
親愛的評審團，有沒有什麼問題想問參賽者？
愛子教授請說？
帝國女士，你的報告真的是十分精采。不過你為了吹捧帝國的好，似乎把不少難以面對的真相，都掃到地毯底下了吧？
像是你沒有提到，創造和傳播這種帝國混合文化的過程，往往非常暴力、殘酷、令人痛苦。
沒人問過那些遭到征服的人們，想不想要加入這杯新帝國雞尾酒；對許多人來說，根本很難放棄自己看重的傳統。
拜託，別那麼誇張。很多人被征服之後，不也是乖乖配合，努力接受新的習俗嗎……
沒錯，但統治者還是一直看不起他們、歧視他們！
這樣一來，那些被征服的民族等於是受到兩次傷害：先是失去與祖先文化的連結，再來仍然被帝國征服者當作野蠻人看待……
就是這樣！也就難怪他們覺得在哪裡都沒有歸屬感……

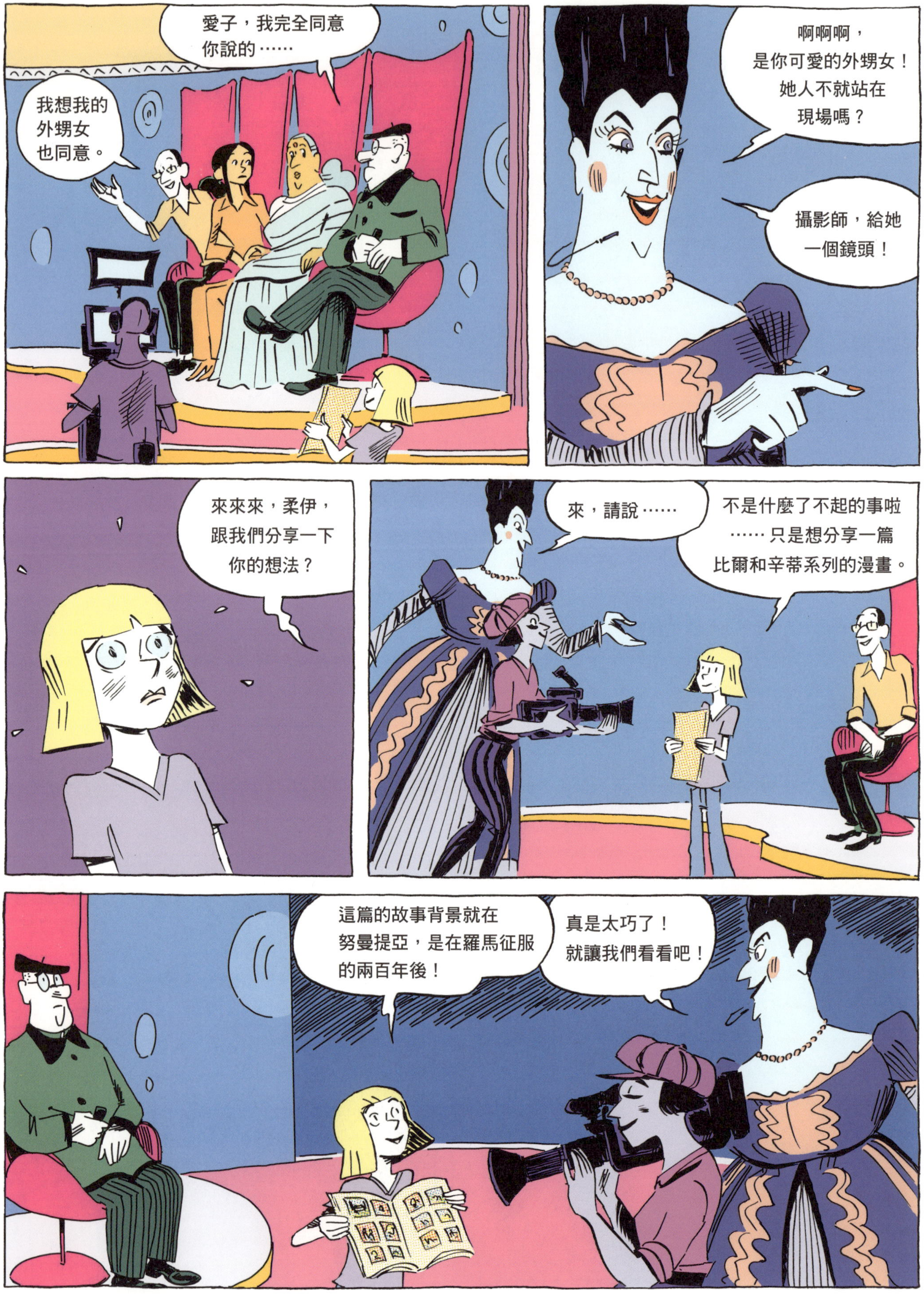
愛子，我完全同意
你說的……
我想我的
外甥女
也同意。
啊啊啊，
是你可愛的外甥女！
她人不就站在
現場嗎？
攝影師，給她
一個鏡頭！
來來來，柔伊，
跟我們分享一下
你的想法？
來，請說……
不是什麼了不起的事啦
……只是想分享一篇
比爾和辛蒂系列的漫畫。
這篇的故事背景就在
努曼提亞，是在羅馬征服
的兩百年後！
真是太巧了！
就讓我們看看吧！

西元50年的努曼提亞，
在比盧斯和辛西亞的羅馬莊園……
辛西亞，你好了沒？
我們要遲到了！
好了，進來吧！
天啊，辛西亞……就是去個露天劇場，
你不會說你要把這些耳環全戴上吧？
當然要呀，為什麼不戴？這些珠寶可是我們家族
世代相傳的伊比利亞真品喔！
你瞧瞧這條裂紋——就是當時小西庇阿
的士兵在這座城裡，打砸搶的時候留下
的，有夠野蠻沒文化！這可是我曾祖母
最愛的耳環……我永遠
不會忘記他們幹的事！
好了啦，別再翻那些舊帳了！
為什麼不戴我送你的那些漂亮
珠寶？這在羅馬很紅耶！
然後讓人看到我跟總督
夫人戴同一款首飾？
謝了，我才不要！

＊維吉爾《伊尼亞斯紀》卷首，意為「我歌頌戰爭與英雄」。

你看，是茱莉亞和她先生！還記得他們嗎？
他們剛從羅馬搬來……
蠻族
羅馬人
萬福，最近好嗎？
我交了一群羅馬好哥們，甚至還跟軍團指揮官吃過飯唷！
怎麼看，我都是個羅馬人了。
我的公民身分申請，哪時候通過都不奇怪！
嘖……
我們的後代能夠住在羅馬，擁有看著羅馬競技場的最佳視野！他們會成為別人眼中的楷模，還會有人採訪他們，你能想像嗎？
喂，你這個噁心的蠻族，誰說你可以排這裡的？！羅馬人專用！看不看得懂拉丁文啊！
羅馬人專用
雜種穿了羅馬長袍，就以為自己成了西塞羅是吧？
你想要夢想成真，就再等一兩個世紀吧！
你也知道，羅馬不是一天造成的……

這讓我想起我祖國
一則知名的小故事
……
BILLY CESAR
大約在1890年，
印度還隸屬於大英帝國……
有個年輕印度人滿懷雄心壯志，
把英語學得文采斐然、優雅流暢，
甚至還習慣了用刀叉用餐。
OLIVER TWIST CHARLES DICKENS
他就這樣風度翩翩、文質彬彬的
去了倫敦，在倫敦大學學院讀法律。
他取得大英帝國的律師資格，
前往英國殖民地南非。
但我們這位年輕的律師，卻因為在搭火車的時候，
搭了白人專用的頭等車廂，就這樣被趕下火車。
NATA

那個年輕人就是甘地。
我敢打賭，他永遠不會忘記那天的教訓。
肯定的！
讓我們回到現場！
那我想請教一下帝國女士……
你真的認為，帝國的統治者與被征服的對象，能夠平等看待彼此，覺得大家都是同一個新混合文化的組成份子嗎？
有些例子確實如此，但可能得花上幾個世紀。就像比盧斯說的，羅馬不是一天造成的……
請大家跟我一起造訪一下羅馬。隨著時間過去，有愈來愈多過去被視為「蠻族」的人得到羅馬公民身分，成為「羅馬人」。
有些人成了軍團裡的長官，甚至還能獲選為元老！

西元48年，皇帝克勞狄烏斯剛任命了幾位高盧賢達進入元老院，我們聽聽他在和這些人說些什麼……
各位在習俗、文化與婚姻關係上，都已經和我們融合在一起！
我不同意，克勞狄烏斯。讓這些異邦人士成了我們的一份子，等於是讓長期敵人直接進到羅馬政治核心！
你難道忘了，這些高盧人以前跟我們簡直是年年在打仗？他們甚至曾經洗劫羅馬！
我親愛的郝古板・馬克西姆斯！你是不是忘了，你自己的義大利祖先也曾經與羅馬為敵？
容我提醒你，你的家族成為羅馬公民也不過是幾個世代的事！就連我的家族，也是來自於薩賓人，幾個世紀前也曾與羅馬交鋒……

西元二世紀的羅馬皇帝圖拉真、哈德良、安敦寧、馬可奧里略，都出身於伊比利半島的家族，血管裡可能都流著伊比利亞的血液。
在那之後，種族湧入勢不可擋。
羅馬皇帝塞維魯是利比亞的迦太基人後裔。
西元193-211年在位。
212年，他的兒子卡拉卡拉繼位，並讓所有羅馬帝國的自由民都自動取得公民身分。
埃拉伽巴路斯是敘利亞人。
西元218-222年在位。
菲利普，有「阿拉伯人菲利普」之稱。
西元244-249年在位。
今日的羅馬
羅馬帝國已經滅亡將近兩千年，但看看那些當初被征服的族群，他們的後裔還是講著拉丁語系的語言、信奉著羅馬帝國的神祇、遵守著羅馬帝國的法律……

西元七、八世紀，剛成形的阿拉伯帝國也出現類似的發展。阿拉伯帝國本來有兩個壁壘分明的陣營。
一邊是執政的阿拉伯穆斯林精英……
……另一邊則是受統治的埃及人、敘利亞人、波斯人和柏柏人，這些人既不是阿拉伯人、也不是穆斯林。
帝國許多子民就這樣慢慢接受了伊斯蘭教、阿拉伯語、以及最後混合而成的帝國文化。接著，他們希望得到平等對待，但年紀大的阿拉伯精英很難接受……
哼！真是小人得志！到昨天都還是敘利亞人，信奉阿拉才知道是什麼鬼的邪教……
現在可好，他們有臉說自己是真正的穆斯林？更誇張的是，居然還開始說自己是阿拉伯人？！
真把他們看成跟我們一樣，阿拉伯都不阿拉伯了！
陛下，最後還是會朝著這個方向發展的……雖然您不會親眼見到，但我保證這會發生……敘利亞人、埃及人、美索不達米亞人，最後都會成為阿拉伯人。

到時候，不管是原本就來自阿拉伯的阿拉伯人，或是那些來自埃及與美索不達米亞的「新」阿拉伯人，都會被一群非阿拉伯人的穆斯林統治。
你知道，像是波斯人、土耳其人、柏柏人之類。
造反啦？！這樣我四處打仗不是白費力氣？
千萬別這麼想。雖然您的帝國無以為繼，但這套帝國文化還是會繼續發展傳播。
中國的情況也差不多。
從西元前202年至西元220年，漢帝國不但征服了新的領土，更打造出一統的帝國文化，讓征服的萬民順服。
雖然漢帝國最後還是滅亡了，但它帶出的漢帝國文化留了下來，繼續發光發熱。
如今，中國有90%以上的人，還是稱自己為「漢」族。

啪！
太精采了！帝國女士，真是打動人心！
啪！
啪！
啪！
我還有一個問題……過去幾世紀，歐洲幾乎就是奉行著你建議的做法，差不多征服了全球，也說這是為了傳播所謂更優秀的文化……
他們成功讓幾十億人都接受了至少一部分的歐洲文化，像是講起英語和西班牙語，或是踢足球、打板球。
然而，那些被征服的人卻相當排斥帝國的概念，而在二十世紀下半葉掀起一波去殖民化運動。這你要怎麼解釋？
嗯……雖然或許聽起來很奇怪，但我會說，去殖民化這件事，本身就是帝國主義所帶來的影響。
蛤？！

歷史上，大多數文化並不認為帝國主義和殖民主義是什麼壞事。當然，每個部落與國家都希望自己是自由的；但如果征服四方的是他們自己，卻又總是得意到不行。
像是古代的猶太人，雖然哀嘆自己被亞述帝國和巴比倫帝國征服，卻也大誇自己橫掃迦南和以東的行徑。在他們眼裡，大衛王那段帝國時期可是猶太的黃金年代。
至於阿拉伯人，雖然嘆惜著自己先後淪為波斯、土耳其與英法的臣屬，卻也渴望回到自己力壓四方的光輝歲月！
祖魯、中國、毛利或印加也都是如此。不管哪裡，人都討厭被征服……卻又覺得征服別人是天經地義。
後來，現代歐洲文化興起，還帶著像是人權、自決、社會主義、女性主義這些過去陌生的想法……並開始認為，所有征服從本質上就錯了。
這些思想多半是在歐洲成形，再由各個歐洲帝國傳播到世界各地。只不過，歐洲人說一套做一套，依然殘酷的四處征服、奴役各地的原住民。然而，反而是當地人民接受了這些想法，進一步發揚光大。
於是，現代的去殖民化過程，走出了一條與過去的解放截然不同的路：不只是一個民族把自己從另一個民族手中解放出來、自己再搖身一變成為征服者，而是所有人都不再接受帝國主義。這種發展，唯有帝國才能促成！
要是沒有那些歐洲帝國，現在這個世界會有多少人相信民族自決是一種普世人權？

我們很容易覺得歷史就是
好人和壞人的對抗，
覺得所有帝國都是壞人，
覺得帝國只會留下壞東西。
感謝觀賞《全球演化生死鬥》，請不要轉臺！
最後投票結果，五分鐘後揭曉！
畢竟，基本上所有帝國都是建立在血腥的戰爭上，
所有權力都是透過殘酷的壓迫來維繫。
然而，如果帝國真的都是歷史上的壞人……
我們其實也都是惡棍的後代子孫。
路卡斯，我是
你的父親。
這個概念太噁心了！
這在道德上讓人不能接受！

就算帝國留下了一些好事，為什麼我們不能除惡務盡，就直接回到帝國之前，回到那些純淨的、真正的文化？
拜託，神父，你知道事情沒那麼簡單……
目前世界上的所有文化都奠基於帝國的遺緒，說要回歸什麼純淨的、真正的過去，只會是仇外與偏狹的藉口。
我們一起去看看印度，各位就懂了……
喂！我話還沒說完！
英國當初征服、占領印度，造成印度幾百萬人喪生，幾億人遭受剝削與羞辱。
嘿，那是甘地耶！
然而，這一切都沒能阻擋印度接收到英國引入的西方理想……像是自決、人權、民主……
當然啦，英國只是說得好聽。他們用盡辦法，就是不想讓印度得到自決、人權或民主自由。
但是不是就代表，因為這些都是帝國的理想，所以現在的印度應該要悍然排拒？
請跟我來，後面還有更多例子……

英國也成功統一了許多原本針鋒相對的王國、公國與部落，幾乎完成了政治上的統一。
這為統一的印度法律體系奠定了基礎，也打造出統一的行政結構……
難道在印度獨立之後，就該放棄這一切？
英國還帶來了英語這種語言。
直到今日，無論母語是北印度語、泰米爾語或馬拉雅拉姆語，都可以用英語這種中性語言來溝通。
包甜！
印度人熱愛板球，喜歡喝甜甜的香料茶，這些也都是英國留傳下來的。
說得沒錯……印度本來並沒有商業化的茶葉種植，是到了1830年代，才由英國東印度公司開始……
就是這樣！就是那些愛裝模作樣的英國閣下把喝茶這件事帶進整個印度次大陸。

英國還打造了印度的鐵路路網。看看印度孟買（Mumbai）的「賈特拉帕蒂．希瓦吉」火車站。一開始，在孟買還稱為Bombay的時候，這座車站叫作「維多利亞車站」，由英國建造，採用十九世紀晚期英國流行的新哥德式建築。
時間過了幾十年，信奉民族主義的印度政府，把城市和車站的名字都改了，但有意思的是，他們可沒有急著把車站剷平……雖然這可是由外國壓迫者建造的……

如今會有多少印度人，會說他們想辦一場公投，看看要不要拋棄民主、不說英語、拆掉鐵路、廢除司法、不打板球、不喝茶，就因為這些都是大英帝國留傳下來的？而且，就算最後真的成案，光是「投票」這件事，不正是英國民主理念的影響？

就算我們真的想要完全去除某個殘暴帝國的遺緒，回到先前「純正」的文化，很有可能那個文化還是來自更早的帝國，殘暴程度有過之而無不及。
如果某個印度人說要除掉所有英國的文化、回歸西元1700年的純正印度文化，其實是不知道自己恢復的是蒙兀兒帝國與德里蘇丹國的文化。
要是有個極端印度民族主義者，說要摧毀所有英國征服者留下來的建築，例如這座雄偉的火車站，那麼泰姬瑪哈陵這種由穆斯林征服者留下的建築，又該如何處理？

這座華麗的建築，究竟算是「純正」印度文化，還是穆斯林帝國強加的外來波斯建築？
這個問題並沒有簡單的答案。
無論想怎麼辦，都得認清這種兩難的複雜程度，知道歷史就是無法簡單分成好人和壞人兩種。當然，除非我們願意承認，我們每個人都是壞人的後裔。
帝國是公理正義嗎？可沒這回事！我們應該在二十一世紀建造新的帝國嗎？答案也是否定的。祖先犯過的罪，現在何必再犯？
然而，帝國確實引導了歷史的進程，塑造了我們現在的模樣。歷史幾千年來發展的方向，就是人類愈來愈走向融合統一。
你可能想知道原因，而我會說正是因為帝國。
我就是操弄歷史的大師。

太了不起了！
好啦，我超棒的各位評審！在給分之前，還有什麼最後的意見嗎？
帝國女士，你這麼不講道德，我簡直瞠目結舌；但你的論點確實擲地有聲。
話雖這麼說，她的論點還是有些漏洞。
你很能解釋帝國是怎麼讓被征服的人都融合在一起，但卻無法解釋歷史上其他的融合統一趨勢。
想讓一群人達成共識，絕不是只能靠征服和殘酷。
就是嘛！
你的論點也就只能夠講到這裡了，因為你無法進一步解釋宗教和其他文化趨勢為什麼常常能夠越過單一帝國的疆界！
像是基督宗教、佛教與社會主義，早在它們掌握大批帝國軍隊之前，就已經由手無寸鐵的傳教士、僧侶與信徒，四處傳播。
而且，就算等到它們控制了一個帝國，影響力也不會僅限於邊界以內。

沒錯，伊斯蘭教最早傳到印尼和非洲薩赫爾地區，靠的是商人，而不是哈里發的軍隊。
而講到商人，帝國女士可沒怎麼提到各個帝國之間怎樣貿易往來、互通有無。
要是不同的帝國都接受同一套商業習慣與貨幣，肯定代表著有一種比刀劍更強大的力量，能讓不同的民族達成共識。
我們馬上就會見識到這股力量囉！
感謝我可愛的評審們，提出這麼棒的意見！
但還是讓我們回到該完成的事：請問大家要給帝國女士打的分數是？大家認為，她就是我們的歷史操弄大師嗎？
哦哦！這個分數真是相當亮眼！
8
8
8
8
感謝，感謝。
下一位參賽者想要得到更高分，可不簡單哪！但他絕不害怕任何挑戰……

《全球演化生死鬥！》精采預告
千萬別錯過下一集的
《全球演化生死鬥！》
在帝國女士一下子拉高分數門檻之後，
下一位參賽者還有沒有獲勝的希望呢？
啪！
啪！
好棒！！
啪！
雖然看起來難上加難，但真正的歷史
操弄大師，絕對能克服這樣的挑戰！
節目精采，千萬別錯過！
在下一集的
《全球演化生死鬥！》
即將登場的是……
美元隊長！

第11章

我們信靠美元隊長

歷史拾光
主持人：齊亞丁·穆亞里克
（Ziauddin Al Muarikh，阿拉伯文直譯為「信仰之光的編年學者」）
這是在1212年，西班牙收復失地運動的拉斯納瓦斯－德托洛薩戰役。
十三世紀的伊比利亞，基督的信徒與阿拉的信徒互相殘殺，雙方都有千千萬萬傷亡……
他們說，一切都是為了榮耀基督或榮耀阿拉。
基督徒慢慢占了上風，摧毀清真寺、蓋起教堂……
發行了新的金幣銀幣，在正面印上十字架，感謝上帝協助擊敗了異教徒。
但他們也鑄了另一種新的硬幣，稱為米拉雷斯幣，傳達的訊息就不一樣了。
這些米拉雷斯幣用漂亮的阿拉伯文寫著：「阿拉是唯一的真神，穆罕默德是阿拉的使者。」

就連天主教位於莫吉奧和阿格德這些城市的主教，同樣也發行了這些米拉雷斯幣，而當地的許多基督徒也用得很開心！
穆斯林對錢幣的態度，也一樣寬容。穆斯林商人交易的時候，同樣很樂意使用基督宗教的錢幣，像是佛羅倫斯的弗羅林幣、威尼斯的達克特幣，還有那不勒斯的吉里亞托幣。
就算是那些高喊要發動聖戰、打倒異教基督徒的穆斯林統治者，收稅的時候也還是十分樂意收到印著耶穌和聖母瑪利亞的硬幣。
金錢似乎有一種神力：就連敵人之間，也能心手相連。例如巴勒斯坦當局，也願意用以色列的謝克爾幣做為貨幣……
在2023年哈瑪斯與以色列開戰之前，雖然哈瑪斯從未承認以色列國，但這些年來，卻還是在加薩走廊用以色列的謝克爾幣來支薪。
賓拉登憎惡美國，憎惡美國的文化和政治、憎惡美國的種種一切……除了美元。賓拉登愛死美元了，還想方設法多拿一點呢。
「錢」到底是怎樣做到人見人愛？它有什麼祕訣？
敬請期待下一集的「歷史拾光」。
智人電視臺，接下來播出您最愛的競賽節目：
《全球演化生死鬥！》

歡迎收看本週的《全球演化生死鬥！》
讓我們熱烈歡迎最新的參賽者……
美元隊長！！！
呃……我們親愛的
參賽者呢？

請各位稍待一會！
節目製作人得和我
講點悄悄話……
什麼？
有點耽擱是
什麼意思？
你說什麼？
要現場連線？
嗨！
希羅達，
我在這！看
看你後面！
我的老天啊！你打算脫成
這樣上節目嗎？！
跟你說超好笑的，
我完全忘了要上節目耶！
但別擔心，我馬上到。我換個衣服，
立刻就跳上我的私人飛機！
呃……好吧……
但你得快點啊，別忘了，
時間就是金錢！
哈！哈！
你真幽默！
好吧，那我們只好先進一段廣告，
再請評審團先說說他們的想法囉。
親愛的觀眾，請別轉臺！
進廣告！

太扯了，以前哪有人敢放我鳥！
他以為有錢就能
瞧不起我們嗎？
呃，這確實是讓人意外！小柔，
一切都還OK嗎？
OK的！那個美元隊長
還真是有夠妙！
但琪琪好像完全不
把他看在眼裡耶！
沒錯，其他動物根本不在乎「錢」
這種東西……
就是這樣，就連人類也曾經有
很長一段時間，雖然沒有錢的
概念，還是過得很快樂。
我相信在石器時代一定沒有什麼
銀行、也沒有什麼錢這種事！
準備回到現場，
倒數10、9、8、7……
要上場囉……
請大家就座！
大家趕快就座！

親愛的觀眾，
我們又見面了！
歡迎回到《全球演化生死鬥！》的現場。
我們正在等待美元隊長的到來，他應該馬上就要到了……
他到底在哪？
你聽得到我說話嗎，美元隊長？
好的，太棒了！
我在路上，馬上到！
這樣的話，我可愛的評審們，在等待參賽者抵達的這段時間，請問有沒有什麼可以和觀眾分享的呢？
或許可以和觀眾談一下，我們剛才在後臺聊到，石器時代的人類其實並不需要金錢。
因為那個時候，每個遊群基本上都能自給自足。
不需要向任何外人買任何東西。
天啊，這也太可憐了……沒有瞎拚算是什麼世界？
椅子、椅子，我願意用我的王國換一張椅子！
在石器時代的狩獵採集者，靠著打獵、採集、還有手工，就能得到所需的幾乎一切。

像是看看這個居住地。遊群裡的每個人，
可能都有各自擅長的事。有人最會打獵、
有人最會做鞋子，還有人很會治病⋯⋯
但這些都是大家
可以一同分享的。

如果我們硬要說這也是個「經濟體」的話，它的基礎肯定是在於互惠共享，而不是什麼金錢與固定價格。
不會有人覺得，今天我給你東西吃、幫你修鞋子、或是拔掉腳上的刺，就該從你那裡得到任何形式的報酬、甚至是未來的特定好處。
像是你幫兄弟姊妹或鄰居的忙，難道會覺得他們該付你錢嗎？在遊群裡，一般並不會想到像是……
「這雙鞋值一張松鼠皮」這種事。

當時的遊群多半能自給自足，但也有時候確實會和其他遊群交換一些比較少見的東西。
像是這群狩獵採集者住在山裡，手上就會有很多黑曜石這樣的火山岩，適合用來製作箭頭。
即時快報：美元隊長的噴射機已經開始下降。
但他們住的地方沒有貝殼。要是他們想要貝殼，得去找那些住在海邊的人。有時候，貝殼可能是贈禮，或是一場比賽的獎品，但除此之外……
也可能以物易物……
我想用這塊燧石跟你換十個漂亮的貝殼……
八個貝殼。
成交！

農業革命剛開始的時候，
並沒有太大的改變。
當然，人類有了一些新的工作要忙……
史上第一個農村，一萬二千年前。
但當時的村莊規模仍然很小，
經濟活動也沒那麼發達，
養不起全職的鞋匠或醫師。
暫停營業
農忙收穫中
請稍後再來
要等到後來發展出大型的城市與王國，有了這種人口稠密的地區，才終於能夠養活全職的專業工作者，像是鞋匠、醫師、木匠、祭司、士兵、律師……
如果某個村莊產的葡萄酒、橄欖油或陶器特別好，
就能專門生產這種產品，
再和其他村莊交換對方生產的其他生活必需品。
當然，交通的進步也在後面幫了一把。
大約七千年前，人類首次在北非馴化了驢子，
對貿易大有幫助。
咱們的吉田教授真是個戲精！
好消息！美元隊長即將抵達攝影棚，在一小段廣告之後，立刻上場！

你的酒很難喝耶！
酒吧
說那什麼話！我們這裡的氣候又不好！今年夏天葡萄長得那麼差。
我可不意外，這裡根本沒夏天啊！
我只能用北極雲莓來釀酒……
咳咳咳！這酒也太嗆了吧！
我表哥特魯克跟我說過，南邊有些人會釀真的葡萄酒……我們去那裡喝一杯如何？
就這麼辦！

有了！我就知道！看看那邊，
庫特，她有在賣真的葡萄酒！
嗨，我們是從北邊來喝酒的，
可以請你把我們的碗裝滿嗎？
好啊，兩位北方大
哥。但你們打算給我
什麼當作回報？
不收信用卡
不收支票
不以物易物
給你什麼當作回報？
你聽過這種話嗎，比爾？
這些人的習俗真的好奇怪。
嗯……我瞧瞧……
這還不錯，是用什麼做的？
是用猛獁象牙雕成的。
猛獁象牙？太好了！
這可以給你們換三個羊皮囊的酒！
可是……我們的碗！
我到底是為什麼要聽你的鬼話？

啪！
啪！
啪！
他終於來了！
歡迎，美元隊長！
謝謝！謝謝！
但等等……
剛才我在弄妝髮的時候，聽到你們說的話……
你是說，我們提到人類以前沒有你也能過得很好，反正就是大家把東西都拿出來分享、互利互惠、偶爾以物易物嗎？
就是那一段！
講到以物易物，我想提一下，這有很嚴重的問題。
啊哈！一開場就有得吵了嗎？來吧，隊長請說！
這個嘛，說穿了也很簡單。不管在世界哪個地方，從來就沒有真正的「以物易物經濟」。最簡單的經濟型態，通常就是建立在分享、贈送的基礎上，而不是以物易物。
等到經濟型態發展得更複雜，也不可能是靠以物易物來運作。雖然很多人心中會有這種美好想像，但是以物易物的經濟型態不可能行得通，這點我隨便都能證明給你們看……
我們的事實查核機已經準備好了！
？
就連從來不存在的地方，這臺機器也能帶我去嗎？
一點問題也沒有！
嗯……作工還真不錯！……
這我要了！我可以用私人飛機跟你換唷！

歡迎來到以物易物國！
這個想像的國度是一個以物易物的完美範例。
看到那個村民了嗎？
他種的蘋果那可是
全世界最脆最甜。
他辛勤工作到
鞋子都穿壞了……
現在他騎著驢子進城，
打算用以物易物的方式，
換雙鞋子來穿。
嗨！有個朋友跟我說，
你們做的靴子很牢靠，
穿五季都不是問題……
沒錯！
歡迎參考看看！
一隻靴子換：
一支呼吸管、
一副蛙鏡、
一隻蛙鞋
一隻涼鞋換：
二根乾臘腸
一隻編織鞋
底鞋換：
三球冰淇淋
一隻拖鞋換：
一隻雞、
三顆蛋
這看起來很不錯！
好的，那你打算用什麼
跟我換？
我有很多袋
很棒的蘋果。
呃……我一吃蘋果，
胃就不舒服。
一隻編織鞋
底鞋換：
三球冰淇淋

你沒什麼別的東西嗎？小麥呀，山羊呀，還是布匹？
沒有耶，我只有蘋果……
你也不會醫風溼對吧？
不會……
那你會寫字嗎？我有些事想跟國王投訴……
可惜我也不會。
一隻編織鞋底鞋換：三球冰淇淋
一隻涼鞋換：二根乾臘腸
但我保證，我的蘋果真的很棒啦，吃了不會胃痛的！
我也想信你啊，但就算吃了不會胃不舒服，我該跟你要幾袋蘋果？
上次有顧客拿蘋果來換，大概是三個月前了，當時他用兩袋蘋果跟我換了一雙涼鞋。可是那些蘋果實在酸得要命……我到現在都還沒吃完。
而你現在想要的是一雙牢靠的靴子，肯定價值是比涼鞋更高。
你來得不是時候……最近很多羊都病死了，羊皮很少，鞣皮工也獅子大開口。以前我想要十張羊皮，只需要用一雙靴子來換，現在得用兩雙！我嫂嫂還更誇張喔……

你看，以物易物很快就會變得讓人很頭大……
鞋匠和蘋果農每天都得重新計算一大堆東西的相對價值。
只要有100種不同的商品，就代表會有4,950種不同的匯率！
1,000種商品，就是499,500種不同的匯率！正因如此，以物易物永遠不可能發展出真正成熟的經濟！
我們能不能想出辦法，讓以物易物國繼續生存下去？
能想出什麼辦法？在我看來，這位鞋匠其實根本不想要蘋果，以物易物行不通……
不一定吧！只要有個中間人就行了！
讓我們看看可以找誰幫忙……啊哈！那個律師打扮的可能有機會……

不好意思……
您該不會剛好是律師吧？
呃……我是，
怎麼了嗎？
您會不會剛好想要一些蘋果？
至於代價，只要幫這位鞋匠寫封信，
跟國王投訴就行。
抱歉啦，我沒那麼愛吃蘋果，
但我現在比較需要理個髮，
你該不會認識理髮師？
好了啦，還真是謝囉！大老遠從未來跑來，就給這樣
的建議呀！還有什麼其他餿主意，可千萬別客氣耶。
我……
我真的很抱歉，
我還以為……
好了啦，愛子。
我們回攝影棚吧
……
哼！
你知道，有些社會還
真的試過，想用集中式的
以物易物體系，試圖解決
這個問題……像是蘇聯！
當時在蘇聯，所有農民與製造商都得把產品
交給國家，再由國家來分配給需要的人。
共產黨說：「每個人都該各盡所能、
各取所需。」

但結果就是
大失敗！
確實！
啪！
啪！
啪！
啪！
啪！
因為誰都能想像得到，「各盡所能、各取所需」很快就變成了「每個人各盡所能的最小值、各搶所需的最大值」。
如果複雜經濟型態只靠互惠互利、或以物易物的手段來運作，就不可能長久，人類也永遠無法統合起來。
另外回應前面的帝國女士，
我想補充一點：
要是人類只能靠著互惠互利與以物易物，
帝國才不可能有辦法運作！
但幸好有我及時現身，為人類指點一套不同的系統……
也就是「錢」！
這才是真正征服世界的強者，比哪個皇帝或哪個可汗，都更成功。
這樣呀……原來你就代表了「錢」！
但我早該想到了！你都說自己是「美元」隊長了……我居然沒發現！

那要把「錢」的概念推廣出去，
肯定很辛苦吧？
畢竟這可以說是史上
數一數二重要的發明？！
光是想到要有多少科學發現和科技突破，
才能把「錢」的概念推到全球，
我簡直都要喘不過氣了！
你先冷靜，我什麼
都不需要。
我在許多不同時期、不同的地方
都推行過「錢」的概念，但從來
用不著什麼科學發現或科技發明。
因為錢是個思想上的革命！
錢不是什麼客觀的事物，
而是個只存在於主體間的現實！
也就是說，錢只存在於人類共同
的想像之中！

*關於存在於主體間的現實，包括這種現實如何建立、又能發揮多麼強大的力量，請見《人類大歷史：知識漫畫1——人類誕生》第二章〈虛構故事的大師〉。

你說「想像」是什麼意思？這傢伙瘋了！
暫停暫停……
麻煩一下，誰幫我把錢包拿來！
喀！
喀！
喀！
你瞧瞧這些紙鈔硬幣，難道這都是想像的嗎？
要是沒有發明印刷機和造幣廠，哪會有紙鈔和硬幣？
這些小玩意就讓你這麼激動？這些就只是沒用的紙片跟金屬片而已。
又不能吃、不能喝，也不能穿。
它們唯一的價值，就在我們的想像之中！

鱈魚乾（紐芬蘭）
大麥（美索不達米亞）
花椒（英格蘭）
茶（西藏）
布匹（中國）
菸葉（維吉尼亞、北卡羅萊納、馬里蘭）
刀具（中國）
鏟子（中非）
可可（中美洲）
鹽（巴布亞紐幾內亞）
牲畜（非洲）
寶螺貝殼（馬爾地夫）
「錢」這個東西，並不需要先發明什麼機器。早在有人印出第一張紙鈔、鑄出第一枚硬幣之前，就已經有錢的存在了！
不論什麼東西，只要大家想像它有價值，就能當成錢來用。

當然，想像並不容易。
底格里斯河
幼發拉底河
地中海
尼普爾
烏爾
烏魯克
蘇美
波斯灣
所以我得承認，最早的幾種錢也算不上多有想像力。
但請跟我來，讓我秀一下我最早的成功案例……
蘇美人用的錢。
位於現今伊拉克境內的尼普爾古城
這時距離農業革命已經過了五千多年，蘇美的烏爾、尼普爾與烏魯克這幾個城市都在快速發展……
準備好讓我大展身手……

你說多少？
六隻母羊、一隻公羊、兩隻小羊。
這些地方的人口爆發性成長，他們不得不發明文字來處理相應增加的行政事務……
在這種經濟活動愈來愈集中活躍的地方，正是介紹「錢」這種概念的最佳地點！
但我只是點一下基本概念而已，接著就讓每個社會自行選擇想用的貨幣。
但這些傢伙，畢竟還沒聽說過錢，所以他們挑了個很安全的選擇——大麥！
於是人類的第一種貨幣，是個實際上可以吃的東西！大麥可以食用、拿來釀啤酒，也可以拿來做買賣，拿來衡量其他東西的價值。
像是拿來買賣油品、山羊、或是奴隸……
當時最普遍的大麥計量單位是希拉，大約是現在的 1 公升。
蘇美人做了很多這樣的碗，剛好能裝 1 希拉的大麥。要表達某種產品或服務的價值時，就能說這值幾希拉的大麥。

當時甚至連薪水也是用希拉
當單位。有些工頭每個月就
能賺到5,000希拉的大麥！
《每日快報》
烏爾戰事使
油價飆升至
每桶100希拉
主人，我們
已經為您工作
一個月了……
今天是發薪日。
怎麼啦？是想幹嘛？
《每日快報》
烏爾戰事使
油價飆升至
每桶100希拉
早在五千年前，老闆和員工
就已經有了薪資差距……
又要發薪
啦？哼！
好啦……來吧，
你的60希拉……
60$
……還有妳的
30希拉……
30$
遺憾的是，
當時在性別上
也有薪資差距！

用大麥當貨幣，聽起來還算合理，
畢竟大麥人人都可以吃，
所以不難讓人相信大麥有價值……
但這種「大麥希拉」
制度有兩大缺點……
第一，大麥的儲存與
運輸都不容易……
哇，這樣很多耶，我的年終
也都在這裡了嗎？
沒有啦，這只是給你
這次的旅費。
第二，大麥有可能會放到
壞掉，而且老鼠超愛吃。
英文的rat race這個詞
（老鼠競賽，代表爭得你死我活）
也是這樣來的。

撐著點……
你知不知道，
古代中國還會用青銅小刀來當錢？
青銅小刀？
對呀，就像這個！
你看，要收在箱子裡超方便，
就算失火也不怕……
還有最棒的是，它既不會壞、
也不會被老鼠吃掉！
為什麼大家不早點想到這點子！

抱歉囉，我還得趕回去上我的黃金時段節目……
真是不可思議，對吧，我親愛的評審團？
真的太棒了！讓我們看看這些古代中國文物。
雖然看起來像小刀，但就我們所知，從來不會有人用這些「刀幣」來切東西，而是用來買賣交易。
不論是在中國，或是亞洲和非洲許多其他地方，都有長達數千年的時間，是以各種工具做為貨幣——不論是真的工具或只是仿製外型。例如中非的邦戈人，至少在十九世紀以前都是用鏟子做為貨幣；越南在被法國占領之前，巴納爾人則是用鍬子做為最小的貨幣單位。

讓我確定一下，所以只要是尖尖的東西都能當作錢嗎？
當然呀！就連軟軟的東西也沒問題！任何東西都能當作錢來流通運用……
只要大家同意就行。
啊啊！
他突然冒出來，嚇死我了！
咔！
咔！
咔！
像是在現代的監獄與戰俘營，也常常用香菸當作貨幣。這種時候，就算是不抽菸的人，也會囤積香菸、用來買東西。
從奧許維茲集中營倖存下來的著名波蘭作曲家暨小提琴家西蒙·拉克斯，就寫過集中營裡如何發展出自己的貨幣制度。
營裡有自己的貨幣，就是香菸，而且沒人會質疑香菸的價值。所有東西都用香菸來計價。
在「正常」時期，也就是送進毒氣室的人數相當穩定的時候，一條麵包是12支香菸，一包300公克的乳瑪琳是20支，一隻錶值80支到200支；一公升的酒可得花上400支！

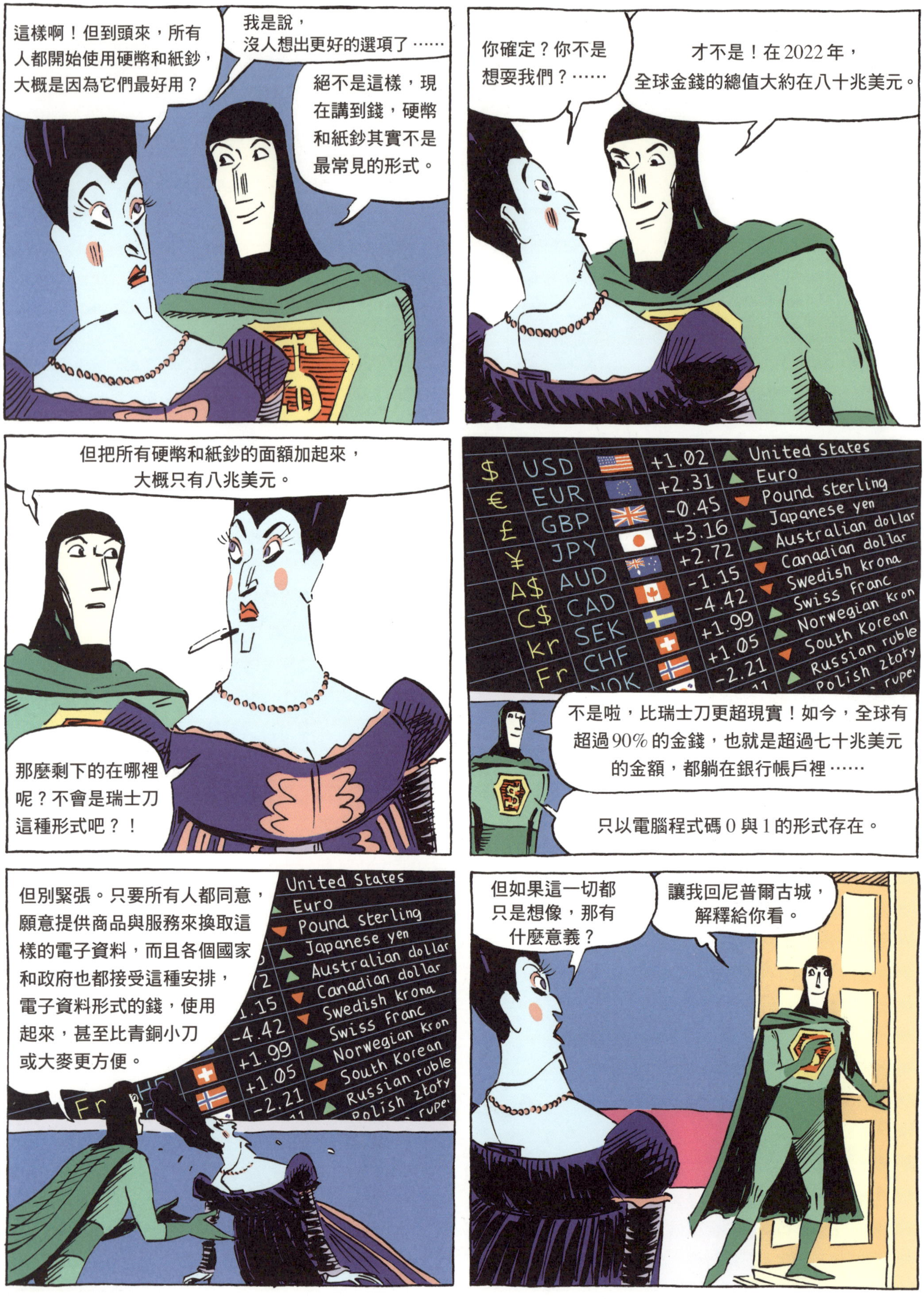
這樣啊！但到頭來，所有人都開始使用硬幣和紙鈔，大概是因為它們最好用？
我是說，沒人想出更好的選項了……
絕不是這樣，現在講到錢，硬幣和紙鈔其實不是最常見的形式。
你確定？你不是想要我們？……
才不是！在2022年，全球金錢的總值大約在八十兆美元。
但把所有硬幣和紙鈔的面額加起來，大概只有八兆美元。
那麼剩下的在哪裡呢？不會是瑞士刀這種形式吧？！
$ USD +1.02 United States
€ EUR +2.31 Euro
£ GBP -0.45 Pound Sterling
¥ JPY +3.16 Japanese yen
A$ AUD +2.72 Australian dollar
C$ CAD -1.15 Canadian dollar
kr SEK -4.42 Swedish krona
Fr CHF +1.99 Swiss Franc
+1.05 Norwegian kron
-2.21 South Korean
Russian ruble
Polish złoty
不是啦，比瑞士刀更超現實！如今，全球有超過90%的金錢，也就是超過七十兆美元的金額，都躺在銀行帳戶裡……
只以電腦程式碼0與1的形式存在。
但別緊張。只要所有人都同意，願意提供商品與服務來換取這樣的電子資料，而且各個國家和政府也都接受這種安排，電子資料形式的錢，使用起來，甚至比青銅小刀或大麥更方便。
但如果這一切都只是想像，那有什麼意義？
讓我回尼普爾古城，解釋給你看。

有了錢的概念之後，要打造複雜的經濟體
或大型貿易網路，就簡單多了！
兩位好，我有個辦法能
解決你們的問題。
砰！
砰！
砰！
=
100 $
只要用「錢」的概念，就不
用再死背你的一雙鞋能換多少
別的東西，省得去記好幾千種
產品和服務要怎麼換算！
完工！
天哪，
這太棒了！
超方便！
=
100 $

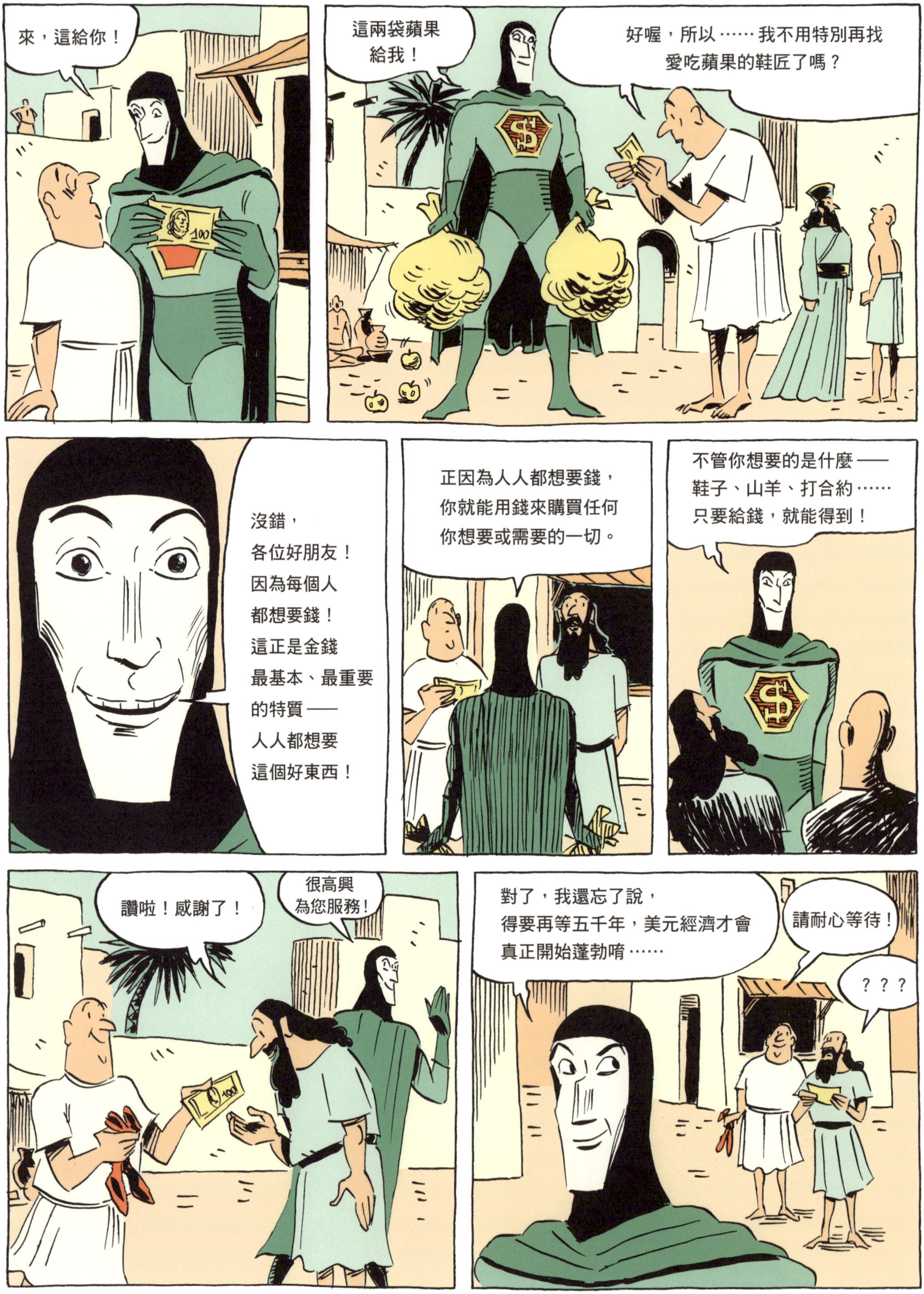
來，這給你！
這兩袋蘋果給我！
好喔，所以……我不用特別再找愛吃蘋果的鞋匠了嗎？
沒錯，各位好朋友！因為每個人都想要錢！這正是金錢最基本、最重要的特質——人人都想要這個好東西！
正因為人人都想要錢，你就能用錢來購買任何你想要或需要的一切。
不管你想要的是什麼——鞋子、山羊、打合約……只要給錢，就能得到！
讚啦！感謝了！
很高興為您服務！
對了，我還忘了說，得要再等五千年，美元經濟才會真正開始蓬勃唷……
請耐心等待！
？？？

「錢」就是一種通用的交換媒介。
簡而言之，錢像是一根魔杖，幾乎能把所有東西轉變成其他東西。
錢能把空間轉變成速度，就像有些億萬富翁會賣掉土地來買私人飛機。
如果退伍軍人用過去的軍餉來付大學學費，就等於是把武力轉變成知識。
嗨，迪克，你要去上大學嗎？
是的，隊長！
甚至錢也能把南瓜變成馬車！像是種南瓜的農夫賣掉幾千顆南瓜，就能買到一輛新的貨車。
對吧，朋友？
廢話，隊長！
錢還可以把青蛙變成王子——整型手術基本上正是這麼一回事。
嘿，比爾！
食飽未，隊長！
我甚至也看過錢可以怎樣把偷盜轉變成救贖——在十五世紀，小偷也能用自己偷來的錢，在天主教堂買贖罪券！

然而，雖然什麼東西都能
用來當作錢，但某些形式
顯然更方便。
叩！
叩！
叩！
誰啊？
午安呀，大哥！
您有聽過新型的貨幣嗎？
呃，那是
什麼？
抱歉打擾，但請問您通常
是用什麼貨幣做買賣？
呃，就看
值多少希拉
的大麥啊，
問這幹嘛？
您對這種方式
還滿意嗎？
哦，天哪……說到就有氣！最近真的超讓人不滿意！

大哥，你太可憐了，而且絕不是只有你遇到這種狀況。你看看我這裡還有什麼選擇：金幣、銀舍客勒、紙鈔……
還是來點比特幣？
呃……
這些絕對都比希拉好用多了！
我保證！
更好用？怎麼說？
大哥，這儲存起來方便太多了！不用蓋什麼大型的穀倉來保護大麥不受到老鼠、黴菌、水火或小偷的侵害。從現在開始，只要在床邊放個小箱子就很夠用了！
嗯……很棒耶，還有其他好處嗎？
還有另一個也很棒的好處……
這些升級版的貨幣讓您更容易把財富帶著走！
如果您現在要搬去巴比倫，您這所有財產該怎麼辦？
天啊，我根本不敢想！太麻煩了！
這就是我要說的！看看您美麗的家、您的庭園、還有您的屋外廁所，要搬到巴比倫豈不是太困難了？
呃，我得先把這些都換成好幾噸的大麥，但接著又得買很多頭的驢子，才能把這些大麥都運到巴比倫，但路上還得幫那些驢子買飼料……
不行不行！這一趟真的太貴了！

就是嘛，大哥！ 而且這一路可不輕鬆……
肯定是！
但只要有這些新型貨幣，您所有的麻煩就都解決了！賣掉您所有的資產，就能變成小小一箱的金幣或鈔票，豈不是太方便了嗎！如此方便攜帶，不管您要去哪、不管在哪個季節……而且還有不同的配色可以選唷！
這些新型貨幣讓財富更容易轉換、儲存與運輸，能讓經濟發展充滿活力！
好喔，可是我還是有一點不懂……
是什麼讓這些東西有價值？為什麼會有人想要這些玩意？如果是大麥，至少還能吃。
但看看你這些金幣和彩色的紙片——這些玩意不能吃，對吧？
可是，我是說，大哥啊……
你就是個騙子！給我趕快滾！
混蛋！

那個工頭脾氣真差，但他確實注意到了一項關鍵細節。
不管是金幣、紙鈔、或是其他任何新型貨幣，價值都不是來自其化學結構。
這些貨幣沒有任何實際用途。
肯定是沒辦法拿來吃！
嘿，小豬豬，想選哪個？
為什麼人和豬的選擇不一樣？
很簡單，我們之所以會選擇美元，是因為我們學會了要相信人類集體想像的產物。
大多數類型的貨幣，其價值都只存在於人類共同的想像之中。換句話說，金錢的價值不是來自物質現實，而是來自社會建構！
金錢要發揮功用，靠的是人與人之間的信任！
真正能夠鑄造出各種貨幣的原料，並不是黃金或白銀，而是信任。
嘶嘶嘶……錢就是信任！

這樣你就知道，
「錢」其實是互信系統。
而且這可不是過去那些
普普通通的系統……
「錢」是史上最通用、
也最有效的互信系統！

熱狗
錢在這。
嘿，先生，請問您
為什麼相信這張紙？
這什麼怪問題？
因為她也相信呀！
那您又為什麼相信這張紙呢？
因為大家都相信呀！
那麼各位先生女士，請問大家
為什麼都相信這張紙？
因為電視上
那些人信呀。
還有我的
銀行也信。
政府也信喔！

讓我們仔細看看1美元的紙鈔……
RAL RESERVE NOTE
STATES OF AMERICA
這並不只是一張彩色的紙。上面有美國財政部長的簽名。
A 06658864
就在那裡，看到了嗎？
ONE DOLLAR
大家接受別人用美元來付款，是因為出於對上帝與美國財政部長的信任……
UNITED STATES OF AME
IN GOD WE TRUST
這兩位似乎是很好的朋友。大多數形式的貨幣，背後都是由國家權力或宗教制度來創造與背書，缺了它們就無法存在。
ONE
ONE DOLLAR
正因如此，人類的金融體系總是與政治及意識型態體系緊密相連，而金融危機也常與政治及意識型態危機脫不了關係。
你如果對政府失去信任，你也會對金錢失去信任。
反之亦然。
《商業日報》
市場崩盤！
專家指出
大麥有害健康！
在錢的概念剛出現的時候，大家對錢還沒有太多信任，所以得用一些本身就帶有價值的東西來當作錢，例如大麥。
人之所以比較容易相信大麥，是因為大麥本身就有「可食用」這種實際的價值。政府可沒法印出更多的大麥來改變它的價值……
《商業日報》
市場崩盤！
專家指出
大麥有害健康！

金錢史上真正的突破，就出現在人類開始學會相信本身沒有實際價值、但卻更容易儲存與運輸的貨幣。
在中東，最早的信任貨幣制度，是出現在西元前2500年左右。也就是銀舍克勒！
所以你們還是喜歡我的點子嘛！
呃，是啦……雖然我們是花了幾個世紀，但終於還是從大麥希拉制度走向了銀舍克勒制度。
瞭解，所以現在你可以把所有財產賣掉、換成幾千舍克勒的銀子，然後搬到巴比倫！
沒錯，現在只要這樣就行了！

銀舍克勒制度還不是某種硬幣，而只是銀的單位。
最早，1 舍克勒指的是特定重量的白銀。
起初，這個重量還會隨時間改變，但在古巴比倫時代得到標準化。
1 舍克勒指的就是 8.33 公克的白銀。
當時《漢摩拉比法典》就規定，如果某個自由人殺了一個女奴，得要賠償其主人 60 舍克勒，這指的是要賠償 500 公克的白銀，而不是 60 個硬幣。

在《舊約》裡談到金錢價值的時候，
多半用的都是銀的重量，而不是硬幣。
像是約瑟那些嫉妒的哥哥們，
就以 20 舍客勒的價格，
把他賣給以實瑪利人……
以實瑪利人拿到的並不是硬幣，
而是一塊一塊的白銀。
但一個關鍵在於，不同於大麥希拉，
銀舍克勒沒有內在價值。
雖然我們覺得白銀很珍貴，
但是銀子不能喝、不能吃、
不能穿，質地也太軟，
無法做成什麼有用的工具。
如果用銀打造犁或劍，
會軟得像鋁箔
做成的一樣！

白銀和黃金唯一的用途，就是做成首飾、皇冠、宗教聖物和其他身分地位象徵……
它們的價值完全就是由文化賦予而來，換言之，完全就是人類想像力的產物。
呂底亞國王阿耶特斯，克羅索斯的父親。
終於，金錢的概念從特定重量的貴金屬，轉成了硬幣的形式。
人類最早的硬幣——也就是美元、歐元與如今所有硬幣的前身，是在呂底亞王國鑄造的。
呂底亞王國位於今日的土耳其西部，在西元前640年左右，當時的國王阿耶特斯鑄造出史上第一批硬幣。
呂底亞硬幣上烙有印記，代表這是錢的意思……就和現在的錢幣一樣。

早安。我想買一雙靴子。
？？？
先生，你拿來的不是標準重量的金屬塊。你是在耍我嗎？
上面這些奇怪的紋路是什麼？
哦，這就是一枚硬幣呀！
而且那些紋路可不只是好看而已！那些印記能讓你知道，這個硬幣含有多少貴金屬。
而且在這枚硬幣進入市場流通之前，可得經過阿耶特斯國王親自驗證重量！你看，那個印記就是代表他！
真的假的！
大哥，現在有人想跟你買鞋，你就不用再去稱金屬塊有多重了。就相信國王吧！
而且，也不用咬壞牙齒來檢查到底是不是真金了！
喔喔！
我，偉大的國王阿耶特斯保證，這個金屬盤含有正好5克的黃金！
啊呀！小民當然相信陛下！請恕小民曾經心有懷疑！

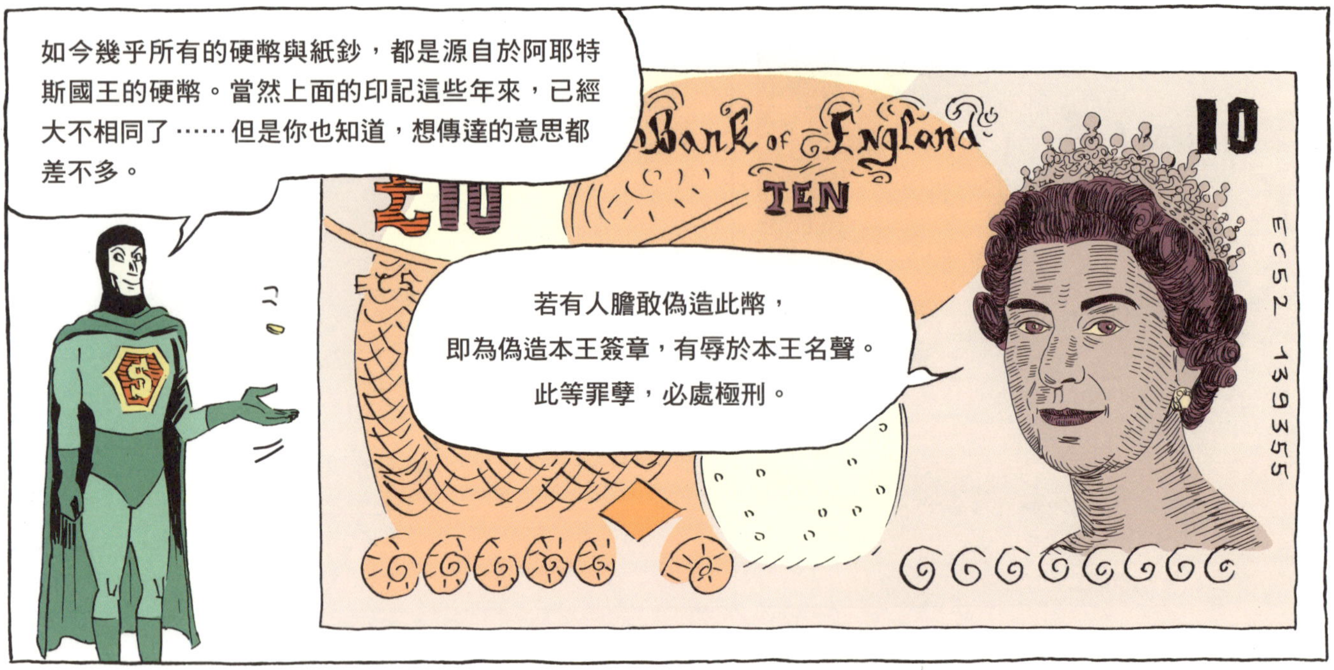
如今幾乎所有的硬幣與紙鈔，都是源自於阿耶特斯國王的硬幣。當然上面的印記這些年來，已經大不相同了……但是你也知道，想傳達的意思都差不多。
Bank of England
£10
TEN
10
EC52 139355
若有人膽敢偽造此幣，即為偽造本王簽章，有辱於本王名聲。此等罪孽，必處極刑。

所以，鑄造偽幣一直被視為嚴重的犯罪行為！這可不只是單純的詐欺，而是在假冒君主！
有長達數個世紀，鑄造偽幣的人就跟造反叛亂的人一樣，會遭到處決。

如果民眾相信那些名字和肖像出現在硬幣上的統治者，
就會相信這些貨幣。所以就算是埃及人，
也能相信羅馬硬幣的價值。
在羅馬帝國，不管是埃及人、希臘人、猶太人或羅馬人，看到那些印著羅馬皇帝肖像的德納累斯硬幣，對它的價值都能達成共識。
嗯……那個鷹鉤鼻有夠羅馬……沒問題，這一定是真的羅馬錢幣。
所以，硬幣需要皇帝，皇帝也需要硬幣。
要是沒有硬幣，羅馬帝國不可能那麼繁榮。想像一下，如果在敘利亞收稅的時候，收到的是一堆大麥，還得先把好幾噸的大麥大老遠運到在羅馬的國庫，再一路拖到不列顛，支付給駐紮的軍團……
事實上，當時的羅馬硬幣廣受
各方信賴，就連出了帝國邊境，
依然通行無阻！
印度
像是在西元一世紀的印度，
雖然最近的羅馬軍團遠在數千公里之外，
卻仍然能用羅馬硬幣在市場上交易。

當時有些印度君主，雖然要鑄造的是自己的硬幣，但因為太相信羅馬帝國的德納累斯硬幣了，最後硬幣上面放的居然是羅馬皇帝的肖像！
很快的，「德納累斯」這個詞就成了「硬幣」的代名詞。穆斯林哈里發把這個詞阿拉伯化，成了「第納爾」……到現在，第納爾仍然是約旦、伊拉克、塞爾維亞、馬其頓和突尼西亞等地的貨幣單位。
謝謝，不用找了。
就在呂底亞風格的硬幣從地中海一路風行到印度洋的時候，中國也發展出另一種貨幣體系，比較像是早期的銀舍克勒。
用的是銀錠金條，而不是圓圓的硬幣。
請再來一杯！

這樣一來，中國商人、印度商人與地中海商人要交易的時候，不免會碰上一些麻煩。然而不管是硬幣、銀錠、還是金條，畢竟都是認定貴金屬有其價值。
謝謝！
咕嚕！
麻煩也給我準備一臺電視螢幕，謝謝。
沒問題，先生。
正因為大家都相信黃金白銀這些貴金屬的價值，所以中國與西方，還是能建立商業往來。
在過去這個千年當中，貿易商與征服者從歐亞非出發，逐漸將他們對黃金和白銀的信任，帶到世界各地。
謝謝，年輕人，麻煩再給我最後一杯。
沒問題，先生。

歷史拾光
主持人：齊亞丁·穆亞里克
1519 年，征服者科爾特斯一行人，入侵墨西哥。
當地的原住民阿茲特克人，從來沒見過歐洲人。
阿茲特克人發現，這些新來的人有個怪異之處：他們一看到黃金，就兩眼發直，講話三句不離黃金。
可是……這是黃金耶！

阿茲特克人也喜歡黃金。他們覺得黃金色澤美麗、又容易加工，所以會用來做首飾和雕像。
但當地人要做買賣的時候，通常還是用可可豆或布匹來付帳。
看到西班牙人對黃金如此痴迷，讓他們一頭霧水。
這種金屬不能吃、不能喝、不能織，到底有什麼好的？當然做首飾是還不錯，可是如果要做工具或武器，質地實在太軟了！
這對於我們來說是個健康問題。你知道嗎，我們這群人有一種心病，只有金子能醫。
科爾特斯倒也沒說謊 —— 在這些西班牙人所處的亞非世界，對黃金的痴迷還真是一種流行病。
就算是最大的死對頭，也有共識：人人都想要這種沒用的黃色金屬！
咕嚕！
這種流行病後來也傳向了美洲。

正因為大家同樣都相信黃金和白銀的價值，才讓全球貿易網路的發展成為可能。
歐洲人使用來自美洲的黃金白銀，在東亞購買絲綢、瓷器和香料，帶動了歐洲與東亞的經濟成長。
那些在墨西哥和安地斯山脈開採的黃金白銀，最後大多數都流進了中國。
要不是從墨西哥到中國的每個人都願意用黃金和白銀做買賣交易，這樣的貿易就不可能實現。
這樣一個全球通用貨幣區域，為整個世界鋪了路，讓它在未來能整合成統一的政經領域！
人們在各地仍然說著外人無法理解的語言，服從不同的君主，敬拜自己的神祇，而帝國之間也依然競爭激烈……
波本
威士忌
干邑
亞力酒
烏佐酒
伏特加
蘭姆酒
梅斯卡酒
但大家至少有一個共同點，就是都相信黃金白銀的價值！
這樣普世的信任，也讓「錢」得以邁出下一步。

大家對錢的信任度愈高，錢也能愈來愈
走向無形。從一開始得要用黃金做金幣，
後來只要把黃金放在銀行做擔保，
銀行就能夠發行紙鈔，
同樣得到民眾的信任。
再等到民眾對紙鈔有了足夠的信任，就忘了還需要有黃金
在銀行做擔保了。於是就算沒有黃金在銀行做擔保，
大家也認同紙鈔就等於錢。
再到最近，已經就連紙的形式都不再需要。
民眾已經習慣相信，只要有電子資訊表示
他們在銀行裡有多少錢，就行了……
大家並不在意有沒有實際的鈔票。
如今，全世界大多數的錢都只是電子資料，
能夠以接近光速，在電腦之間移動。
金錢已經變得完全無形
——但又正是這個概念，
把整個世界整合在一起！

所以，金錢的祕密就在於：
有愈多人相信黃金、香菸、紙鈔或電子貨幣，所有人對這些事物的信心就會變得愈強！
就算我們不喜歡這些人、看不起他們，也不影響這整個作用！
基督徒和穆斯林在宗教上有一段時間吵得很凶，是吧，克呂格神父？
呃……
但他們講到錢，卻有同樣的信任！你知道為什麼嗎？
不知道。
原因就是……
這個嘛，宗教要求的，是要我們自己相信某些事；而金錢要求的，是要我們相信「其他人相信某些事」！
我就把話挑明了說！幾千年來，哲學家、思想家和先知一直在囉囉嗦嗦，說什麼錢是萬惡之源……
但如果你好好想想……沒有什麼比錢更寬容了！要說心胸開放的話，不管是語言、國家法律、文化規範、宗教信仰或社會習慣，哪個比得上錢？！
在所有的人類互信系統當中，只有錢能夠幾乎跨越一切的文化隔閡，而且在宗教、性別、種族、年齡、或是性取向上，也幾乎沒有任何歧視！
多虧了錢，才能讓互不相識、互不信任的人也能有效合作！
就算是彼此憎惡的兩個人，也能夠在錢的幫助下合作！
你要說是誰的手推動了人類歷史走向統一？
還不都是多虧了我這雙看不見的手！

好的，美元隊長，感謝您這段相當有力的報告！
又到了給分的時候了……
各位親愛的評審，大家的想法如何？
這位參賽者顯然表現得相當好，論點鏗鏘有力……
您清楚扼要的講出了金錢制度的兩大原理：第一是「萬物均可換」：錢可以把任何東西轉變成任何另一種東西……
把空間轉變成速度、讓武力轉變成知識，甚至把偷盜轉變成救贖。
第二是「萬眾都相信」：也就是說，只要有錢做為媒介，任何兩個人都能合作進行各種計畫。
正是如此！透過這兩項簡單的原理，金錢就讓幾百萬個陌生人得以合作推動貿易或產業。就像魔法一樣神奇，不是嗎？
是沒錯，但我們也不能忘記金錢有它的限制、還有陰暗面。
一點也沒錯。人類社群與家庭的基礎，一直都在於對某些「無價之寶」的信任，那是不可能用金錢來買賣的。
喔？這世界上還有錢買不到的東西？
當然有！像是榮譽、忠誠、道德、還有愛！

就算市場上價格再好，有些東西我們就是不會拿去買賣。
舉例來說，爸媽不能把孩子賣去當奴隸。
沒錯，而且好基督徒也不能為錢犯下道德上的罪惡。
部落不該把先祖的土地賣給貪婪的外人。
我懂你想說的，只不過……你也知道，這些話說得好聽，但哪可能真的攔住我？我相信你也得承認，有些爸媽曾經把孩子賣去當奴隸……
只有在非常情況下，才會這麼做！
而且大家都知道，基督徒一瘋起來，不但會殺人、會偷東西、會欺騙世人，還會拿他們偷來搶來的東西向教會換取寬恕。
哼！那些都是很少見的例外！
……而部落的土地，最後也賣給了淘金者、石油公司，說都說不完……
有時候是這樣……但通常是因為他們別無選擇……
沒錯，而且錢還有更黑暗的一面啊，美元隊長……

金錢雖然建立了信任，但信任的是錢本身、以及背後那套沒有人性的系統。
錢並不是讓我們信任其他人類——而只是信任他們手上的硬幣和紙鈔。
一旦錢花完了，信任也就蕩然無存。
正因如此，錢有可能毀掉所有人類社會，把世界變成一個巨大而無情的市場。
確實，人類會用金錢來促進合作，但也擔心著金錢破壞自己的價值觀與社群。
我研究過的每一種文化，都有這種情形。
而民眾一般都擔心，到頭來市場會成為最後的贏家；但事實並非如此——因為市場其實是反映了背後的價值觀。

賊窩可不是個開市的好地點。
哪有商人會想冒險在這種地方做生意？
在每個社會，做買賣還是會受到一些限制，其中之一就是公平正義，這是商業的重要基礎。
要是你和某人簽了商業合約，而他騙你，你就會把他告上法庭，對吧？
嗯……應該是這樣沒錯。
這樣的話，你會說「公平正義」也能拿出來販售，價高者得嗎？要是這樣的話，所有的商業合約就沒有任何價值，市場也必然崩潰。
此外，要是你仔細觀察金錢的基礎，也總會發現有宗教躲在暗處。
沒錯，呃，我是說……
你自己就說了，人之所以相信黃金，正是因為一開始大家是拿黃金來製作神祇的雕像、以及其他珍貴的符號象徵……

而且你也說過，一美元的紙鈔上寫著「我們信靠神」。
但要是真的到了一個沒有價值觀的社會，錢的價值又會如何變化？
只要深究像是資本主義和共產主義這些經濟理論，總是會發現裡面其實暗藏著道德理論……甚至是宗教信仰。
沒錯！
我實在再同意不過！我們一直在講著人類的統一，卻忘了最重要的事……
宗教！全能的神！
神父，先別急！不要劇透！別忘了，後面還有另一位參賽者馬上要出場……
而且，我們還欠美元隊長一件事沒做，而他肯定已經等得不耐煩了……
我本來是不想講得這麼突然啦，可是……

親愛的評審團……
請給分！
哇！32分！居然和帝國女士同分！
……最後會是兩人並列第一嗎？
9
8
9
6
還是下一位參賽者
會後來居上？
最好是啦，下
一個參賽者想
打敗我？先等
地獄結冰吧！
美元隊長，你話也講太滿了！
至少你就知道我怎麼
想了，我這個人就是
答應了要掏錢，就絕
不手軟……
雖然下一個參賽者老愛
說大話，說什麼只要信
他就能上天堂……
但他實際上的
表現就……
哼！你聽他講那
什麼話！
要我說的話，
他只是給大家簽了
一張雲端銀行開的
遠期支票！

《全球演化生死鬥！》精采預告
親愛的觀眾……節目愈來愈精采囉！是不是讓你都緊張起來了呢！
千萬別錯過下一集的《全球演化生死鬥！》我們馬上就要迎來最後一位參賽者……
我向各位保證，他大有可能成為比賽的最後贏家！
請和我們一起看看，誰才是真正的歷史操弄大師！
下一集再見！

第12章

天空人的啟示

納西爾＆克麗蒂商店
嗨，克麗蒂，我們的本日精選商品是什麼呢？
親愛的納西爾，我們要給大家介紹這個好棒的磁鐵。
太讚了！誰不想要漂亮的磁鐵！
這個磁鐵不但漂亮，還能把大家聚在一起！設計師給它取名為「神聖磁鐵」。
真是太有創意了！
我們能看看它有什麼作用嗎？
沒問題，讓我們來到大概西元1300年的麥加。
阿拉伯
紅海
麥加
阿拉伯海
大家可以看到，信眾受到吸引，從歐亞非各地來到麥加，繞行神聖的天房。有些信徒甚至不遠千里，來自遙遠的中國、安達魯斯（即伊比利亞）、西非馬利的廷巴克圖、烏茲別克的撒馬爾罕。

克麗蒂，這真是太神奇了！
各位親愛的觀眾，還在等什麼？按下米字鍵，
馬上撥打我們的訂購專線！
哇！
哈拉瑞舅舅，妝髮弄得怎樣呀？
嗯⋯⋯我很
不習慣耶⋯⋯
克呂格神父你呢？
很棒唷，謝謝。我剛剛還
下訂了那個神聖磁鐵耶。
說到要把眾人聚在一起，
最有效的莫過於宗教！
真的嗎，克呂格教授兼神父？
我還以為宗教只是讓大家吵成一團，甚至還帶來戰爭耶⋯⋯
很遺憾，小朋友，
確實偶爾會有這樣的事。
可是幾千年來，宗教也讓大家能夠團結
在一起，效果不比金錢或帝國差唷。
宗教之所以這麼重要，
都要感謝神！是因為宗
教能賦予人類的法律和
階級一些超人類的神級
正當性。
你也知道，人類的法律
和階級就只是想像出來
的社會秩序，本來就很
脆弱⋯⋯
但只要有超人類的神級權威來背書，
大家就不會覺得那些法律與階級只是
人類一時興起的念頭。這樣聽得懂嗎？
有些人不愛服從法律，因為那是人類同胞訂的；
但只要說這些法律是來自某個超人類的存在，
他們就願意聽從了。

可是，宗教到底是什麼呀？
我簡單說，宗教就是人類的一種法則、規範與價值觀體系，並且是建立在某種超人類的秩序之上。
那足球算是宗教嗎？足球有法則、規範與價值觀……甚至也有好多奇怪的慣例跟儀式。
哈哈哈，足球不是宗教啦！
因為所有人都知道，足球就是人類發明的；而且國際足總FIFA隨時都能改變球門的大小，或是取消越位規則。
那有些人說他們相信輪迴、或說他們相信有鬼，這樣算是宗教嗎？畢竟這些就是超人類的東西了吧？
確實，但只是相信某件事，也不算是宗教唷。
宗教是由許多信念組成的全套制度，建立了重要的價值觀與實際的行為準則。
光是相信世上有鬼，但若沒有因此發展出重要的價值觀或行為準則，就還不是宗教。
妝髮都OK囉，可以上場了。
非常感謝。
原來如此，這樣我就知道為什麼宗教有助於團結全世界了，是因為可以說服大家接受一樣的價值觀、遵守一樣的行為準則。
別急著下定論！也不是所有宗教都能做到那一點。只有特定的一種宗教，能夠真正發揮團結人類的力量。
如果宗教真的要在大範圍內團結各種多元人群，還得具備「普世特質」！
也就是說，這必須是放諸四海皆準的真理！

而且，這種宗教還得具備「鼓吹特質」，也就是信徒會有熱情想要積極傳播他們的信念！
呃，不是所有宗教都會說自己普世皆準，也都有鼓吹信念的熱情嗎？
並不是唷！如今最常見的宗教，像是佛教和伊斯蘭教，確實都具備普世特質與鼓吹特質。
但大多數古代的宗教反而是具備「地方特質」和「相對封閉的特質」。
古代人常常信奉的是地方性的神靈，也不覺得有必要讓所有人都改信自己那套信仰。
真的嗎？那具備普世特質與鼓吹特質的宗教是什麼時候出現的呢？
要到西元前一千年間，才第一次出現這樣的宗教，而且這種宗教革命在歷史上非常重要唷！
人類之所以能統合為一，必須要感謝這類宗教的貢獻！
請大家就定位，直播兩分鐘後開始！
糟糕！我得去坐好了，柔伊。
你快去吧！祝節目順利！
請安靜，直播倒數 5、4、3、2……
不會吧！哈拉瑞舅舅怎麼還沒到？

《全球演化生死鬥！》第12季
是誰在背後操縱著歷史？
親愛的觀眾朋友，歡迎收看最新一集的《全球演化生死鬥！》
大家想必等不及要知道，經過這個瘋狂的賽季，到底誰會是最後的贏家？
我的老天哪，究竟是誰，會登上我們歷史操盤手的寶座？！？

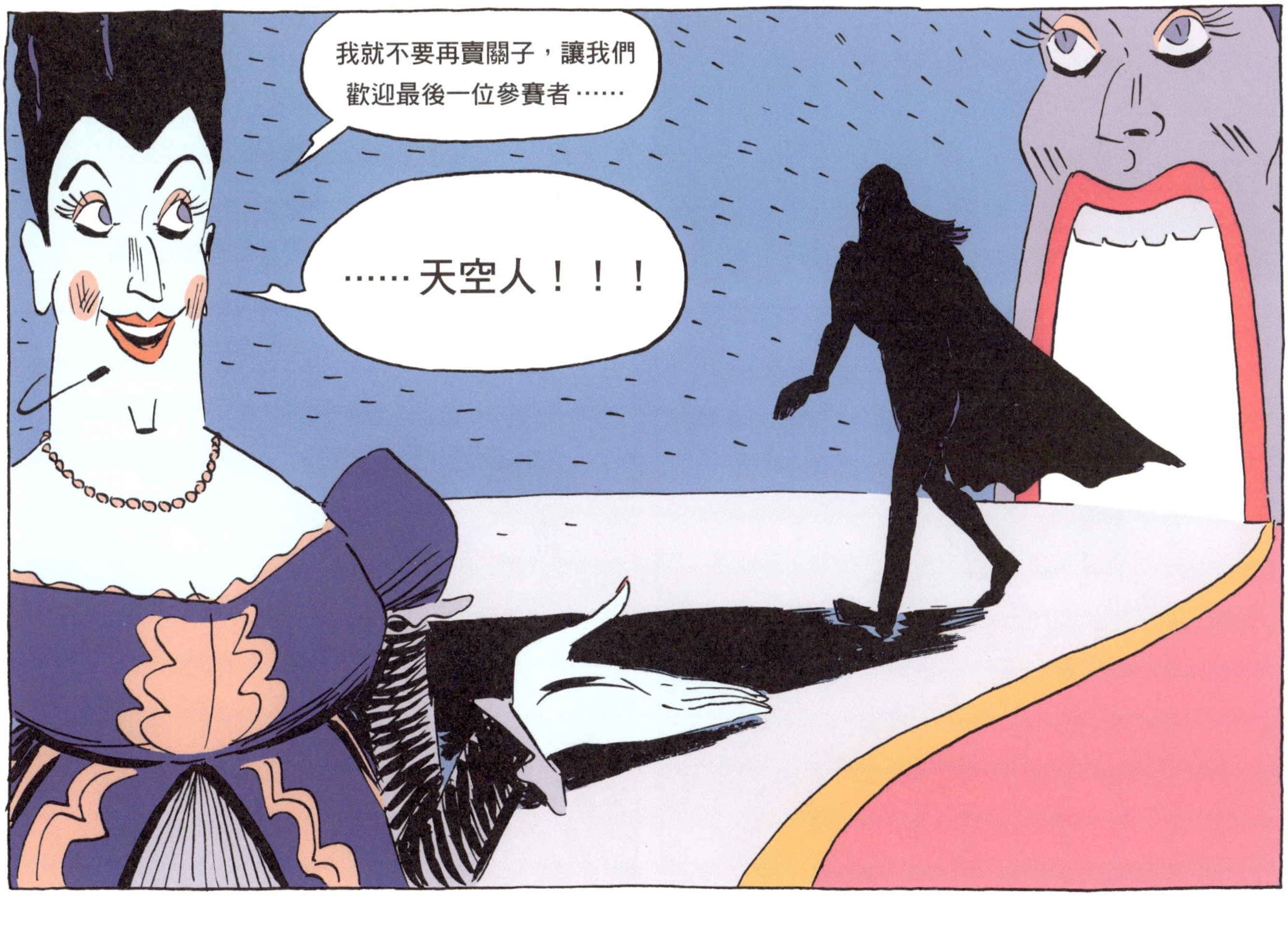
我就不要再賣關子，讓我們歡迎最後一位參賽者……
……天空人！！！

噓—噓—！！
不會吧，還來這套啊……
好啦好啦，又怎麼啦？
我們是無神論者，堅決抵制天空人參賽！他就是想逼所有人都信教！
宗教沒有給人類帶來任何好處，就只是造成分裂！
沒錯！
對呀！
說得好！
汪！
我猜他們從來沒把克呂格神父的解釋聽進去，對吧，琪琪？
好啦，各位。我們聽到你們想講的話了……
如果你們不介意，請給我們的新參賽者應有的尊重，聽聽他怎麼說。
抱歉，觀眾席出了一點小狀況。我差點就要說……算了啦，天空人，請原諒他們，他們不知道自己在做什麼。
哈哈哈！我今晚怎麼那麼有靈性啊！
哈哈，我懂。這種事我經常遇到，笑一笑就沒事了……

讓我來介紹一下評審團，他們個個都是精挑細選的權威專家，有聲量、也有學養……
但我得先說，哈拉瑞啊，感謝你為了本節目這麼賣面子耶！
呃……我不確定你在說什麼，可是確實，我很喜歡你的節目呀，就……
太可愛了！這樣很棒！
那麼，天空人先生，請告訴我們，你想從哪裡談起？
這個嘛，我想說，起初……
哦哦，要來談太初有道、道與神同在了嗎……
不不不，我不是要講那個，而是要說最早的宗教是屬於泛靈信仰。
啊，當然，我耍笨了！
這樣的話，我想請親愛的天空人，走進我們的事實查核機，這機器能把你立即傳送到需要的時代。
太感謝了，但不用這麼麻煩吧，畢竟你也知道，我是無所不在的。
什麼五索不在？
颼！
看起來他已經不在了……

在以泛靈信仰為主的時代，智人相信
人必須尊重其他神靈、先祖、動植物等等
的想法與利益，不能只想到自己。

例如在恆河河谷的採集者，
可能就會規定禁止在產卵季節捕魚……
……以免死後的魚靈挾怨報復。

而在喜馬拉雅的另一群人，則可能禁止獵捕犛牛。
就為了感謝曾經有犛牛帶著他們的先知，找到寶貴的黑曜石。

這些多半是地方性宗教，會因為當地位置或氣候的特性而調整。
值得一提的是，當時多數採集者的畢生活動範圍相當有限，可能就是一個河谷、或是一座島嶼。
想要活下去，山谷裡的居民就得瞭解他們居住的家園有什麼樣的規矩，並調整自己的行為，以融入當地「秩序」。
在當時，要說服遠方的人遵守跟自己一樣的宗教規則，根本是再荒謬不過的想法。
舉例來說，當時住在恆河沿岸的人，哪會想要把傳教士派到喜馬拉雅山，說服當地人別在產卵季捕魚？

然後，農業革命與宗教革命攜手同行了。看看這些狩獵採集者：在他們看來，不管是他們獵的野生動物、採的野生植物，都和智人有著平等地位。
人類獵羊，並不代表羊不如人。
就像是人被老虎獵殺，也不代表人不如虎。
在狩獵採集者的世界，所有生物是對等交流，一同協商規則，管理眾生共享的棲地。
但等到農業出現，人類遊群開始擁有動植物，一手掌控，就再也沒打算自貶身分、與自己的財產有什麼協商！
於是，原本和人類平起平坐的動植物，在農業社群裡就沒了發言權。
在人類心裡，智人的地位開始遠高於其他動植物。
這就是農業革命帶來的第一個宗教性影響！

但這種地位轉變有一個嚴重問題：
農民滿心希望羊群完全在自己掌控之下……
但很快就意識到，自己的掌控力還是有限。
他們確實能把羊圈起來、把公羊閹了、強迫母羊配種，
但還是沒辦法保證母羊能生出小羊，
也無法避免乾旱、洪水與疫情。
我歹命啊！
怎樣才能讓羊不要生病？
還要盡量生出健康的小羔羊？
我有個辦法，有興趣的話
不妨參考一下……
？！？
只要你承諾對我永遠忠誠，我就會保護你的羊，
讓牠們生養眾多……
你能做到這種事？
當然。或者，
你也可以選擇和
我的同事「豐饒
女神」合作……
任君挑選！
太棒了，太棒了！
親愛的女神，可不可以保佑我的母羊
今年生出健康的小羊？我會從新生的
羔羊當中，拿出20……我拿出10%
好了，奉獻給你！
就這樣
說定囉？
拜託，比爾！
你是怎麼了？
他再也
不聽我們
說話了！
人類就是從這時候開始，把羔羊、公牛——有時候甚至是
兒童，奉獻給神，覺得這樣神祇就會保佑他們五穀豐登、
六畜興旺。
這樣的宗教習俗，在農業革命
之後延續了數千年……
比爾，你認真？！你真的看過
什麼豐饒女神嗎？

想也知道，那些地方性的神靈並不是在一夕之間就沒了影響力。但慢慢的，這場宗教大戲的舞臺中央，就只剩少數幾位神威浩蕩的大神。
什麼？一些根本看不到的玩意就這樣搶了我們的角色？
要是人類這輩子都只待在自己部落周遭，地方性的神靈確實足以滿足大部分需求。
但隨著王國與貿易網路開始擴大，人類需要的神力就不能只限於地方。
於是，過去重視與許多地方神靈互動的泛靈信仰，現在就得讓位給有神論*信仰，改以少數大神為中心。
原本拜「櫟樹靈」，能照顧的只有櫟樹；但現在改拜豐饒之神，能照顧的就是全世界所有的樹木、植物與動物。
而掌管雨水的雨神，管的也不只有特定的山谷，而是能涵蓋整個世界。
至於戰神，則是能幫助國王征服遠方的帝國。

* Theism（有神論）這個詞的希臘語源 theos，就是「神」的意思。

當然，有神論與泛靈信仰並不衝突，也沒有因此就推翻了泛靈信仰。就算這時候人類比較在意管轄區更大的豐饒女神與雨神，但還是願意相信地方的精靈、惡魔與神樹。
好喔！所以對我們這些樹靈來說就是一切照舊？
也不能這麼說，你們現在的重要程度已遠遠不及那些大神了！
或許是這樣啦，但如果只是一般人的日常小事，找我們還是很方便呀！
大耳朵說得好！
在首都坐鎮的國王把幾十隻肥羊獻祭給戰神，祈求打倒蠻族異邦；但我們這裡的小小農夫，還是會選擇向我禱告，希望醫好小朋友的病！

隨著大神崛起，有些事情也出現了變化。在古老的泛靈信仰戲碼，人類只是配角，不過就是世界上無數生物之一。但隨著那些大神站到舞臺中心，而把地方性的神靈惡魔推到一旁，祂們也選擇把某一種生物的重要性給大大提高……
這種生物……正是智人！
在這套全新的有神論戲碼，整個宇宙只剩下兩種角色……
人類、還有神。

這時候，整個生態系的命運
都取決於人類的祈禱、
以及人類的行善或作惡。

只要有幾個愚蠢的智人激怒了眾神，
天上就可能降下驚天動地的洪水，
讓幾十億隻螞蟻、蚱蜢、烏龜、羚羊、
長頸鹿、還有大象，都一起遭殃！

就這樣，有神論的信仰
不但提高了神的地位，
也提高了人類的地位。
但原本泛靈信仰裡的成員就倒楣了，
從此沒了地位。在這場人類與諸神的
大戲裡，只能成為跑龍套的、
甚至是道具。
我馬上回攝影棚！
在最早的有神論宗教裡，
信奉的大神不會只有一位。
因此也有人把這樣的信仰
稱為多神論（polytheism），
poly 就是「多」的意思。
颼！
所以說，多神教
信仰多位偉大的
神，而不是只有
信仰一位。
這是偶像崇拜！
妖言惑眾！
〈出埃及記〉
20：3
除了我以外，
你不可有別的神
嗯！看來經過兩千年的
一神論洗腦，讓某些人
聽到多神論就感冒！
但各位知道嗎，「相信有
很多個神」並不代表就是
道德淪喪……甚至也沒有
規定你不能相信宇宙有
單一的權柄或法則。
事實上，大多數的多神教、
甚至是泛靈信仰，都還是相信有某個
至高權柄，高於所有其他神靈、惡魔、
或是神聖的石頭公。
大家等等，
讓我解釋一下。
颼！

希臘人相信的神有很多，像是有天帝宙斯、天后希拉、太陽神阿波羅之類，但祂們還是得臣服於一位神威無窮、無所不在的女神。
也就是命運女神。
北歐諸神也逃脫不了命運的掌握，注定在「諸神的命運」這場災難中滅亡。
西非的約魯巴人相信，所有的奧里莎神都臣服於一位至上神「奧樂杜馬爾」。
印度教也屬於多神教，但還是有「梵」這個終極的原則，主宰著神靈、人類，以及生物與物質世界。
「梵」就是整個宇宙的永恆本質，體現在所有個體與現象當中。
多神論的核心觀點在於，統治世界的最高權柄會維持絕對的超然公正，並不介入人類日常的問題與要求。
我的朋友，別去打擾宇宙的至高權柄了，祂永都不會給你答案的。
最高權柄總部
對於這樣的至高權柄，祈求什麼戰爭勝利、身體健康或天降甘霖，都毫無意義。因為從全知全觀的角度，不管哪個王國戰爭勝敗、哪個城市興盛衰亡、又或是哪個人生老病死，都不會有任何影響。
可是如果沒有神能治我的牙痛，我要怎麼辦？
試試看副部長辦公室，上班時間只有平日早上八點到十二點。偶爾會有用啦……
記得不要空手去，要懂得禮數啊！

之所以要去接近這個宇宙至高的權柄，唯一的理由就是為了要放下所有欲望，接受善惡共存的事實，而且是就連貧窮、疾病和死亡也都要坦然接受。
颼！
沒錯，我也同意這種說法。印度教就有一種苦行僧，奉獻自己的一生，就是希望能夠與梵合而為一，達到「梵我一如」的境界。
哇！這也太瘋狂了！要怎樣才辦得到？
他們會從「梵」的角度來看世界……也因為這種永恆的觀點，相信所有世俗的欲望與恐懼都只是夢幻泡影。
太扯了！啊，我不是要否定的意思——但請告訴我，並不是所有印度教徒都這麼極端吧？
不不不，當然大多數人不是這樣。多數的印度教徒還是很苦惱各種世俗的問題，而梵在這些問題就幫不上什麼忙了！
遇到人生的起起落落，印度教徒還是會求助於負責特定領域的神，而不是無所不包的梵。
像是象頭神、財神、智慧神。
智慧神就叫薩拉絲瓦蒂，是嗎？跟你同名？太可愛了吧！
沒錯，我的名字就是在向祂致敬。她是智慧女神，能幫助大家考試過關之類的事。
因為這些神只管專精的特定領域，因此還是會有一些私心偏好。
所以信眾才有辦法和祂們談談交易，在祂們的幫助下，實現各種世俗欲望，像是學業順利、擊敗敵軍之類。

但天空人呀，請解釋一下，這件事和「多神」的概念有什麼關係？
只要開始把全知全能、位階最高的權柄加以切分……不難想像最後就會有許許多多神靈。
各有執掌，也各有偏好。
但多神教的優點在哪？
多神教天生具有包容性。
信眾就算信奉了某位只管特定領域、心有偏袒的神，也不會妨礙他們接受有其他的神掌管其他領域。
多神教徒幾乎沒幹過什麼迫害「異教徒」或「異端」的事，也從來不用暴力逼其他人改變信仰……
就連在建立帝國的過程也不例外。神父，我是對事不對人唷……
哼！
請跟我來，我用個例子來解釋。
謝謝！
請看，埃及帝國如此輝煌……但埃及人從來沒有派傳教士出國傳播對歐西里斯的信仰。
再到羅馬……
在羅馬還信奉多神論的時候，從來沒強迫誰接受他們對天帝朱彼特的信仰。

阿茲特克也是這樣！他們雖然信奉太陽神維齊洛波奇特利，但並未派出大軍去傳播祂的話語……
是啦，不過阿茲特克不也相信，是維齊洛波奇特利和其他阿茲特克的神祇，控制著所有人類嗎？
是沒錯，但如果其他人寧可繼續拜他們的魯蛇神，阿茲特克人也不會有什麼意見。
可是阿茲特克人不是也把其他人當成奴隸，甚至拿戰俘來獻祭給神嗎？
阿茲特克的神祇確實常常要求人類獻祭，但倒不會要求人類皈依……
信奉多神教的征服者，非但不會去逼人改信自己的神，甚至有時候是自己改信別人的神。
讓我們再回到羅馬……

舉例來說，羅馬人就讓來自亞洲的眾神之母「希栢利」進了他們的萬神殿。
說得好聽！但別忘了，早期的基督徒確確實實遭到羅馬人迫害！
但那是出於政治因素，而不是宗教因素。
羅馬帝國並沒有要求基督徒放棄信仰，只是希望臣民也要尊重保護羅馬的諸神，並承認皇帝也有神性。
基本上就是希望人民展現政治上的忠誠。但基督徒並不願意……
羅馬覺得基督徒是在搞政治顛覆，最後決定出手強力鎮壓。
從此，基督徒才開始遭到迫害。
但就算在這時候，羅馬的鎮壓也沒有要趕盡殺絕。
沒有要趕盡殺絕？你哪來的膽子這樣說！

從基督被釘死在十字架上、到羅馬皇帝君士坦丁改信基督教，這三百多年間，信奉多神論的羅馬皇帝對基督徒的官方迫害不過四次。
呃，別忘了各地總督也有反基督教的暴力行為！
是沒錯，但就算把所有遭受迫害的受害者加起來，羅馬人在這三個世紀殺害的基督徒人數不過幾千人。
相較之下，在接下來的一千五百年間，基督宗教雖然號稱主張愛與憐憫，卻因為對信仰的詮釋不同就自相殘殺，死亡人數高達數百萬！
在天主教徒與新教徒之間，只因為對基督之愛的本質沒有共識，就讓宗教戰爭的戰火延燒數百年。

親愛的克呂格神父啊，
我相信不用我說，你也知道天主教徒認定
單是「信上帝」並不足以讓你進入天堂。
信眾就是必須參加教堂禮拜、
平常多行善事。
但並不是所有的人都同意這種說法。
像是新教徒就覺得，如此一來形同交易，
簡直是在侮辱神的慈愛與偉大。
如果進不進天堂是取決於自己的行為，
等於是放大了自己的重要性，
暗示著基督在十字架上為人類受的苦、
以及神對人的愛都還不夠。
新教徒認為，能不能進天堂，看的不是
你做不做善事——唯有上帝的愛，
才能夠讓你進天堂。
但天主教徒對這種說法
大為光火，衝突也就一發
不可收拾。我們去梵蒂岡
看看吧。

天主教徒和新教徒的爭論愈演愈烈，
最後還互相屠殺。
像是在1572年8月24日，
強調個人善行的法國天主
教徒，竟然襲擊了強調
上帝之愛的法國新教徒。
法國天主教徒屠殺了
幾千名法國新教徒，
這事件後來稱為「聖
巴塞洛繆節慘案」。

當時的天主教教宗聽到這個消息，還滿心歡喜，特地
委託畫家瓦薩里到梵蒂岡繪製這幅壁畫，以茲紀念。
光是在這場大屠殺死於基督徒自相殘殺
的人數，就超過了多神論羅馬帝國三百
多年來殺害的基督徒人數。

颼！
恐怕你說的沒錯。一想到那些以我的信仰之名所做的可怕事情，我就覺得十分痛苦。
但天空人啊，請告訴我，要是一神論真的這麼危險，怎麼還會有那麼多人願意接受，為什麼要放棄海納百川的多神論？
你說得對，這實在沒道理。
有些多神論的信徒格外虔信某位神祇，把祂捧得比其他神祇還高。最後那些人就漸漸相信，只有這位神才是唯一真神，是宇宙的最高權柄。
但這些信眾還是認為，這位神祇有特定的偏好與立場……畢竟，這樣才方便信眾和祂談條件、做交易。
等到原本的多神信徒也開始向宇宙的最高權柄祈求協助中樂透、治打嗝，一神論的宗教也就這樣發展起來了。
天啊，這我太感同身受了！打嗝真的很煩耶……
颼！

史上最早的一神教，出現在西元前1350年左右的埃及。有一位原本在埃及眾神當中，位階並不高的小神，忽然得到法老阿肯那頓的青睞。
「阿頓」就是最高的神！祂就是統治宇宙的至尊！
阿肯那頓把對阿頓的信仰，化為官方國教，並打算打壓對其他神祇的崇拜。
但這場宗教革命並未成功。獨尊阿頓的信仰在阿肯那頓過世後遭到廢黜，眾神再次回歸。
多神教偶爾會衍生出各種一神教，但或許是因為這些一神教抓不到自己的普世信條，所以有很長一段時間都成不了氣候。
以猶太教為例，猶太教徒總是堅稱：全宇宙至高的神偏愛小小的猶太民族、偏愛他們的蕞爾領地以色列。
耶路撒冷
很長一段時間以來，猶太教一直沒到其他地方傳教鼓吹自己的信仰。畢竟對其他民族來說，信猶太教哪有什麼好處？這種階段可稱為「本地一神教」。

但基督宗教帶來了重大突破。基督宗教原本也只是猶太教的一支小教派，想要猶太人相信拿撒勒人耶穌正是他們期待已久的彌賽亞。

這個教派最早的領導者之一是來自塔爾蘇斯的保羅，他認為宇宙的至高神竟然願意化為肉身，為了人類的救贖而被釘死在十字架，這種事不能只有猶太人知道，而是全人類都該瞭解。
為此，有必要把耶穌的福音傳向全世界。

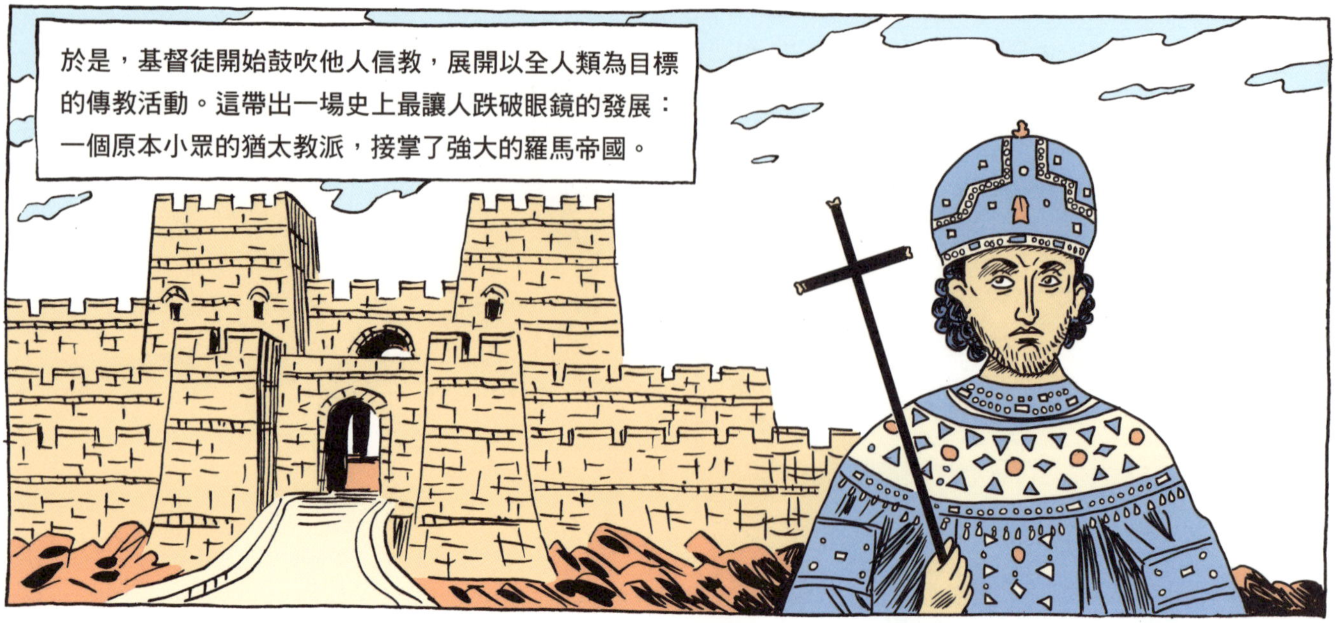
於是，基督徒開始鼓吹他人信教，展開以全人類為目標的傳教活動。這帶出一場史上最讓人跌破眼鏡的發展：一個原本小眾的猶太教派，接掌了強大的羅馬帝國。

以基督宗教的成功為榜樣，西元七世紀的阿拉伯半島也培育出另一個一神教：伊斯蘭教。一如基督宗教，伊斯蘭教原本也只是某個中東小鎮上的小宗教。
麥地那

但更讓人想不到的是，伊斯蘭教很快就越過阿拉伯沙漠，收服了一個從大西洋一路延伸到印度的龐大帝國。
亞洲
黑海
君士坦丁堡
裏海
大西洋
波斯
馬格里布
印度
麥地那
阿拉伯
麥加
非洲
印度洋

颼！
一神論的思想，就這樣開始在世界歷史上扮演重要的角色。
這是好事！是我們這些一神論者發明了道德，傳給全世界！
請原諒我，各位弟兄，請大家表現一點基督徒的謙卑。狩獵採集部落早在石器時代就有道德準則了，比《聖經》還早幾萬年耶。
而且一神論的道德並不一定比過去的道德準則更高尚。
你們真的覺得，因為印度教信奉多神，不夠專一，所以基督宗教和伊斯蘭教本質上就比印度教，更有道德嗎？
首批歐洲殖民者在十八世紀末來到澳洲的時候，澳洲原住民部落對世界就已經有了深刻的道德觀念。
但這些人過去可沒聽過摩西、耶穌、穆罕默德！
基督宗教殖民者還會動用暴力，奴役甚至滅絕原住民……在我看來，這些殖民者的道德也沒比較高尚，難道不是嗎？
哇塞，神父啊，我確定一下：你真的是基督徒嗎？
怎麼了？我當然是呀！我完全相信耶穌基督要帶給我們的神聖旨意肯定是要我們謙卑、博愛，而不會是驕傲、偏狹。我只擔心這樣的訊息常常被眾人誤解扭曲。

耐人尋味的是，像是狼、海豚、猿類這些其他社會性哺乳動物，一樣會表現出道德準則。所以據估計早在人類出現的幾百萬年前，早就有各種不同的道德了！
一點都沒錯！一神論真正不同於前人的地方，非但不是擁有道德，反而是不容異己……
一神論積極發動各種宗教迫害與聖戰——這一方面能有效傳播神的話語，另一方面也能強行把許多不同的群體集結在單一神祇的旗幟底下。
呃，在我看來，那些一神教的信徒之所以訴諸暴力，是因為他們誤解了神的訊息。
但一神論就是有某些特性，會助長這種所謂的「誤解」。
你也知道，一神論者常常相信自己信奉的是唯一的真神、而又唯有自己掌握著完整的真理……這樣一來，自然就會覺得所有其他宗教都不可信。

在過去的兩千年間，
一神論者為了維持強勢，
想到了一套很有效的辦法……
出現對手，就立刻鏟除！

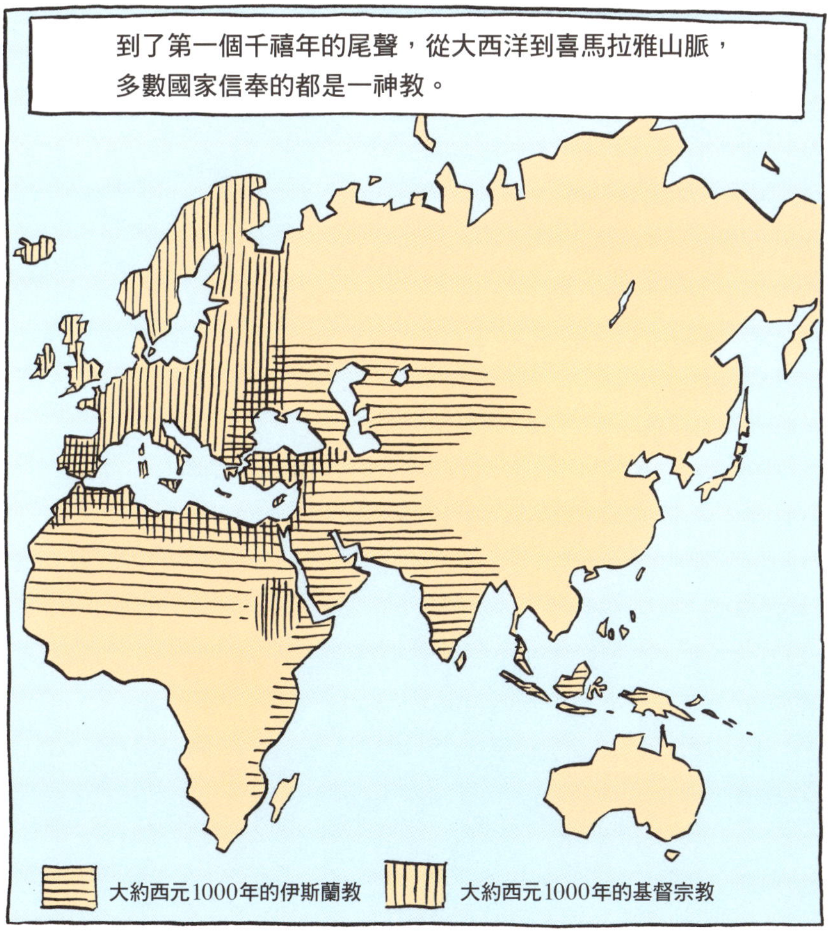
到了第一個千禧年的尾聲，從大西洋到喜馬拉雅山脈，
多數國家信奉的都是一神教。
大約西元1000年的伊斯蘭教
大約西元1000年的基督宗教

如今除了東亞，大多數國家也是信奉
一神論信仰。就連全球的政治秩序，
也是建立在一神論的基礎上。

但一神論也並非完全勝利。還記不記得，泛靈論在多神論出現之後依然存在？其實，多神論在一神論興起之後同樣依然存續。
一神論神學家常常把話說得很死，說自己那位宇宙至尊絕不可能去跟一群小神分享權力。但一般民眾的想法就不一樣了。
大多數人其實很難想像，全世界只有一個神的話，會是怎樣。你說對吧，比爾？
完全難以想像！
上帝實在是又難親近又可怕。再說，要是全世界真的只有這個神，每個人都想要祂幫忙，我怎麼知道祂還聽不聽得到我的禱告？
別小看他，比爾！我是說，祂畢竟是神嘛……
不要咧，還是找我們當地熱心的小聖人好了，感覺祂會比較在意我這個人遇到了什麼問題。
聖阿波羅尼亞啊，我覺得牙好痛，請幫幫我！

我們就老實說吧，一神教崛起時，直接毫不客氣的把多神教的神祇統統驅逐……
……但眾神就是能偷偷溜回來。
基督宗教的聖人，總人數完全不比各教的眾神少……而這些聖人受到的待遇也和那些舊神沒有太大不同。
聖安德
聖喬治
聖馬丁
聖安博
米蘭
威尼斯
聖馬可
就像朱彼特庇祐羅馬、維齊洛波奇特利保護阿茲特克帝國，每個基督宗教王國也各有守護聖人，協助王國度過困難與戰爭。
基督宗教的聖人，不只是類似多神教的眾神而已，很多時候根本就是披上基督宗教外衣的舊神。像是在愛爾蘭，凱爾特人過去信奉的主神是女神布麗姬，但在愛爾蘭改信基督宗教之後，祂也搖身一變，成為聖布麗姬。

多神論除了演變出一神論宗教，
也演變出二元論的宗教。二元論的宗教認為：
世界上並不是只有唯一的一位大神在統治，
而是有「善」、「惡」兩股勢力互相對抗。
二元論不同於一神論的地方，
在於認定「惡」也是一股獨立勢力。
於是整個宇宙如同戰場，
世間種種都是善惡之間的鬥爭。
這樣的世界觀很有說服力，因為
這能給「世界為什麼會有邪惡？」
這個問題，提供一個現成的答案。

一神論很難解釋，一位全知全能、至善至美的上帝，為什麼會允許世上有這麼多的苦難？為什麼心地善良、全然無辜的人，也會遇上壞事？
一神論最好的答案是：上帝用這種方式讓人類擁有自由意志啦。要是沒有邪惡、無需在善惡中選擇，哪有自由意志發揮的餘地？
而一神論還有一個經典的觀點：只要做錯選擇，就要接受神的懲罰。但問題來了，要是上帝早就知道某人會用自由意志走上歹途、最後被罰墜入地獄永遠受苦，那祂一開始幹嘛創造這些人？

神學家寫下無數著作，就是為了回答這樣的問題。有人覺得已經從中得到解答，也有人不以為然。
颼！
但有一點是肯定的：
一神論就是難以解釋邪惡為何存在！
但是對二元論而言，這個問題太容易了。之所以好人也會遇到壞事，正是因為統治世界的不只有一位善神，而是也有一位獨立的惡神在活動！
但等等，天空人，別忘了二元論也有它的問題啊！
「秩序的難題」該怎麼處理？
一神論者說，世界的秩序是由唯一大神所建立；但二元論者說，善與惡不斷在爭奪世界的掌控權。那麼裁判是誰呢？
誰？嘿！呼！呼！
兩個敵對國家，之所以能夠用戰爭來決定輸贏，是因為雙方遵循著同樣的物理定律。而俄羅斯的飛彈能夠擊中烏克蘭的目標，是因為重力定律在兩國都相同。
但善惡交戰時，會受到什麼樣的法則規範呢？又是誰訂定這些能維持秩序的法則呢？
呼！哎呀！

你說得沒錯，神父，一神論很能解釋秩序的難題……
但還是擺脫不了惡的難題。
而二元論就是能解釋惡的難題！
卻解決不了秩序的難題！
好了好了，兩位就先別再這樣沒意義的你來我往啦！
有一種解釋，能夠輕鬆合理的同時解決這兩項難題……
有一位全能的神，創造了整個宇宙……
……但祂就是個惡神！這樣就能解釋為什麼世界上既存在秩序、卻也有諸多苦難。
這樣說是有道理啦。但史上就是沒人敢說自己信仰這一套……
有些人相信一神論，而信仰二元論的人也不少。二元論的宗教就這樣興盛了好幾個世紀……
颼！

波斯波利斯
例如二元論的祆教曾主宰波斯帝國……
羅馬
摩尼教也一度聲勢壯大，範圍涵蓋中國到北非，還幾乎征服羅馬帝國……
但到頭來，還是基督宗教贏得了羅馬的靈魂。
泰西封
七世紀，原本信奉祆教的波斯薩珊王朝，敗給了一神論的穆斯林，也讓二元論痛失重要據點。
時至今日，只剩下印度與中東
還有少數幾個社群信奉二元論宗教。
孟買
然而，二元論並沒有真正被一神論消滅……

許多二元論宗教的信仰與習俗，現在都融入猶太教、基督教和伊斯蘭教當中！
颼！
我們說是一神論的宗教骨子裡常常是二元論的思想。
像是有好幾億個基督徒、穆斯林與猶太人，都相信世上有著善與惡的鬥爭……
基督徒把那股惡的力量稱為撒旦或魔鬼，還相信撒旦或魔鬼能不受上帝控制、為所欲為，在上帝主宰的有序世界裡到處作亂。
不是吧，各位！一神論怎麼會信這種大剌剌的二元論點？
這在邏輯上就是說不通。
你要嘛相信只有唯一全能的神……
要嘛就相信有兩種對立的力量。
欸，別忘了，人類就是很會相信明明就自相矛盾的概念喔！
哈！哈！你們這些人類喔，真的是妙到極點！要是你們真的相信，可以既有一個全能的神、同時又有一個完全獨立行事的魔鬼，那我也不好再說什麼了……
更別提，還有一大票一神論者，竟然還相信那位全能的神要與魔鬼對抗的時候，會需要他們這些人類幫上一把！
還取了「聖戰」或「十字軍東征」這種威風的名字……真想不到，一股能夠創造整個宇宙的力量，居然連拿下某座城市也做不到，還得靠著一群猿類拿著棍棒來幫祂忙！
颼！

另一個從二元論滲透到一神論的重要概念，則是認為在身體與靈魂、物質與精神之間，有著再清楚不過的區隔。
颼！
摩尼教相信，精神和靈魂是由善神所創……
……至於物質和身體則是惡神所為！
啊啊啊！
這樣說的話，每個人不就都成了一個個致命的戰場嗎！
一方是善良的靈魂……
另一方是邪惡的身體！
以一神論的觀點來看，這根本是胡說八道。身體和靈魂本來就是合一的，是要分什麼？又為什麼要說物質是邪惡的？
這樣說起來確實覺得有點瞎……我是說，人類身體會這麼調皮搗蛋，一開始不也是那位唯一的善神所創造的嗎……
是不是！？但是一神論就是忍不住要採用那些二元論的觀點。讓我來告訴你為什麼：這樣才能幫他們解決那個很討厭的「惡的難題」！
不管是基督徒還是穆斯林，這些二元論的觀點其實已經成為他們想法的基石！

多虧了二元論，我們現在還相信有個善神所在的美好國度，叫做「天堂」……
而惡神統治的鬼地方叫做「地獄」！
來吧，你們自己翻！就算翻遍《舊約》，你也找不到任何段落提到天堂或地獄。
也沒提過什麼人的靈魂會在死後繼續存在。
所以，雖然一神論看似征服了全世界大部分地區，但一神論就是個大熔爐！大部分的基督徒，就是同時信奉著一神論的上帝、二元論的魔鬼、多神論的聖人、再加上泛靈論的各種鬼魂神靈——大家還跟得上嗎？
像這樣的混搭風，聰明的學者給它取了個名稱，叫做「融合論」。搞不好，融合論宗教才是世界最大的單一宗教呢。

所以基本上，剛才談到的所有宗教都有一個共同點：相信各種神靈、或是其他超自然的存在。
廢話，福爾摩斯！不然宗教還能是「神」麼「鬼」？「神鬼」，聽出來了嗎？
西方人如果只知道一神論宗教與多神論宗教，可能覺得宗教還不就那麼一回事……
但看看世界宗教史，就知道宗教絕不只是對神的崇拜。
天啊，大偵探家，請趕快和我們分享！
颼！
看來今晚，天空人還有得講的了……

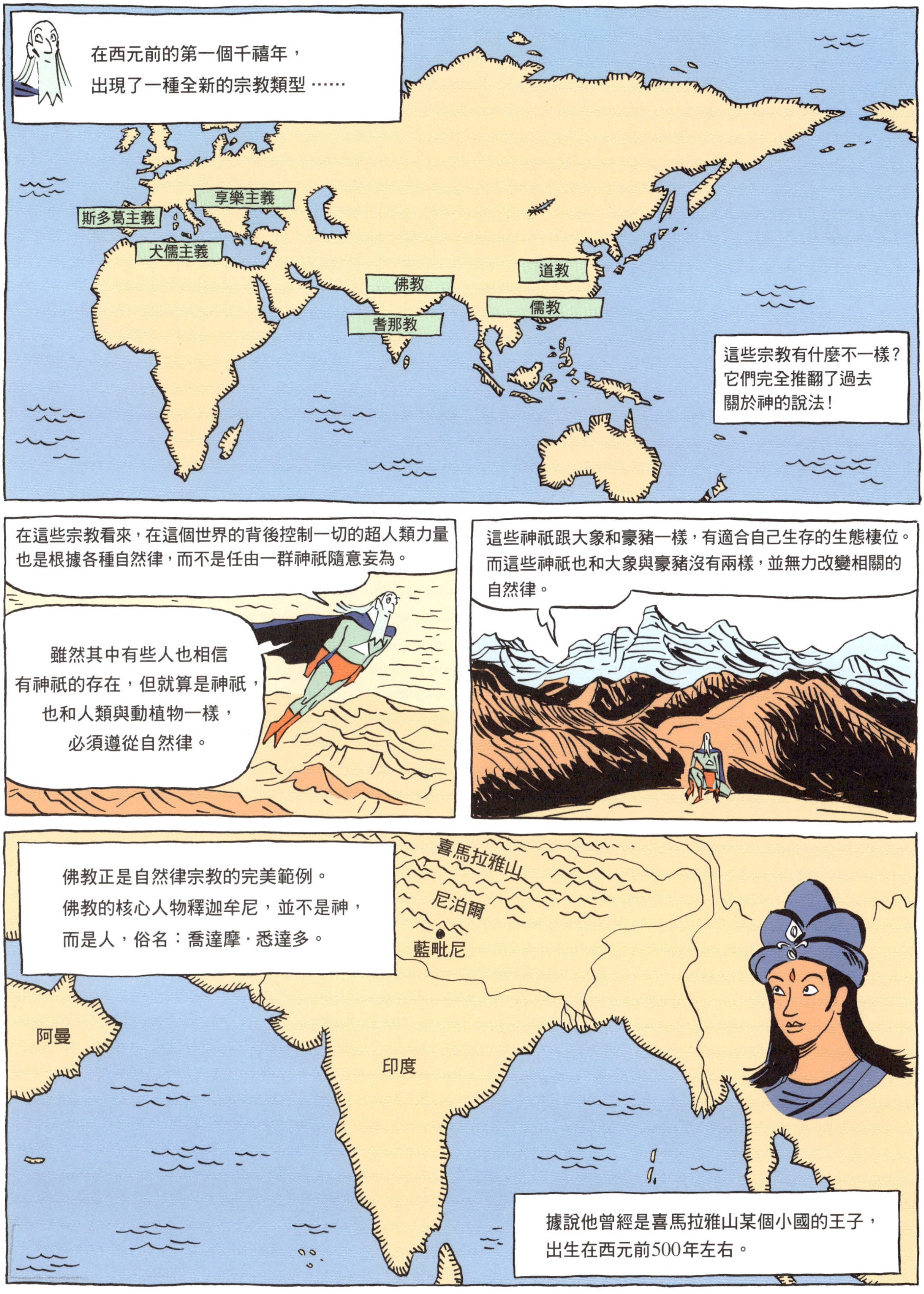
在西元前的第一個千禧年，
出現了一種全新的宗教類型……
享樂主義
斯多葛主義
犬儒主義
佛教
耆那教
道教
儒教
這些宗教有什麼不一樣？
它們完全推翻了過去
關於神的說法！
在這些宗教看來，在這個世界的背後控制一切的超人類力量
也是根據各種自然律，而不是任由一群神祇隨意妄為。
雖然其中有些人也相信
有神祇的存在，但就算是神祇，
也和人類與動植物一樣，
必須遵從自然律。
這些神祇跟大象和豪豬一樣，有適合自己生存的生態棲位。
而這些神祇也和大象與豪豬沒有兩樣，並無力改變相關的
自然律。
佛教正是自然律宗教的完美範例。
佛教的核心人物釋迦牟尼，並不是神，
而是人，俗名：喬達摩·悉達多。
喜馬拉雅山
尼泊爾
藍毗尼
阿曼
印度
據說他曾經是喜馬拉雅山某個小國的王子，
出生在西元前500年左右。

這位年輕的王子看到身邊的各種苦難，
深深感到不忍。
他看到所有人不分男女老幼，非但三不五時得承受
各種災難……
例如戰爭與瘟疫……
……就算在天下太平的時候，還是無法免於各種
焦慮、沮喪與不滿，似乎這一些都是人生難免。
人們忙著追求財富和權力，想要得到知識與美好
的事物……
他們生兒育女……
建起房屋與宮殿……
但無論取得再多成就，
仍然無法滿足！

……窮人想變有錢。
但有了一百萬，
就想要兩百萬！
有了兩百萬，
就想要一千萬！
就算真的名利雙收了，還是永不滿足。
總和所有人一樣，有各種的問題與煩惱。
到頭來也無法解脫生老病死！
生前取得再多，死後還是回歸塵土。
人生就像是毫無意義的追尋。
怎樣才能跳出
這個輪迴？

二十九歲的釋迦牟尼
半夜離宮，離開家人，
放下一切。
貧苦流浪，走遍印度北部，
希望為這一切痛苦找到出路。
他走訪
各大修院……
聆聽大師講道……
但還是無法真正求得解脫，
內心深處的不滿始終無法平息！

但他並未放棄！他決心不斷研究苦難的根源，直到徹底擺脫苦難。他入禪六年，思索心中苦痛不滿的本質、原因與解決的方式。
最後，釋迦牟尼終於參悟，苦難不是因為走霉運、社會不公或是神祇搞鬼，而完全是出自於每個人自己心中的思維反應模式！
他發現，人心不管碰到什麼事，都會產生欲念，而欲念就會造成不滿。碰到了令人不悅的事，你的心就會急著擺脫；碰到了美好的事，你的心就會想要更多。
於是，人心永遠不滿，也總是焦躁不安——就是這麼難搞！

這情況在發生壞事時，特別明顯，例如身體覺得疼痛的時候。
來點腰果嗎，比爾？
噢，拜託先不要！我牙痛死了。難道看不出來我根本在地獄嗎？！
疼痛揮之不去的時候，就會讓人產生不滿，想用盡辦法讓疼痛消失……
他也可以消失嗎？吵得我頭都痛了！
但就算是在開心的時候，人還是不滿足！
要嘛擔心現在的快樂無法恆久遠……
恭喜終於要結婚了耶！都等這麼久了！
是啦……可是比爾真的值得託付終生嗎？他會不會為了別的女人，就把我甩掉？
要嘛就擔心自己得到的還不夠好……
我也擔心是不是嫁得太委屈了。你不覺得嫁給庫特會更好嗎？

就算有哪位法力無邊的神祇，幫可憐的比爾治好牙痛、或是讓他瞬間成為百萬富翁……人類基本的思維模式還是不會改變。
啊啊啊！什麼爛鑰匙，怎麼感應不到！
就算是最偉大的國王，也無法避免焦慮，總會想逃避痛苦、也總是想追尋更多快樂。
都是一堆垃圾！
釋迦牟尼意識到有一種辦法，能跳出這種惡性循環。在感受到快樂或疼痛的時候，看清那就只是感受，放下執著，就不會為此所困。
感受到快樂的時候，不要貪戀快樂或是渴望更快樂；這樣即使仍然感覺快樂，也不會因此失去內心的平靜。
感受到悲傷的時候，不要急於擺脫悲傷；這樣即使仍然感到悲傷，卻也不再為此受苦。
接受苦即為苦、樂即為樂、痛即為痛，你的心就能放下執念，接受一切事物的本質。

釋迦牟尼研究出許多冥想的技巧，能夠訓練心靈去感受現實的本質，並放下對其他事情的執念。
我該把心靈專注在「我現在是什麼感受？」
而不是「我現在比較想要有什麼感受？」
釋迦牟尼將冥想落實到各種道德規範，希望這樣就能讓信眾更加專注於實際感受，而不是永遠在追尋其他的欲求。
他給信眾的指示相當具體。
不殺生、不邪淫、不偷盜——因為這些作為會讓你對權力、財富與快樂，燃起更多的渴求。
等到這些欲求的火焰徹底熄滅，你就會感受到一種完美的圓滿與慈悲。
這就是他們所謂的「涅槃」，梵文原意就是「熄滅」。
達到涅槃，就能解脫所有苦痛，讓你無比清晰的感受現實，不受欲求與幻象的阻礙。
雖然還是會體驗到疾病與疼痛，但不再為此所苦所困。

無欲，則無苦。
據說釋迦牟尼本人就達到了涅槃，從痛苦中解脫，並在過程中得到了「佛陀」的稱號，也就是「覺悟者」。
為了讓所有人都能離苦得樂，佛陀用餘生，四處普傳佛法，並將一切總結為一條法則。
「苦由欲起」——想要從痛苦中解脫，就得放下欲望；而要放下欲望，就得訓練心智、體驗事物的本質。
對佛教徒來說，這條佛法就是一條舉世皆同的自然律。

颼！
太棒了！感謝天空人帶著我們四處遊覽！
感謝！感謝！
結束前，請讓我補充最後一點……
別客氣，請說……
佛教徒雖然相信佛法，但仍然有可能信仰各種神祇，只不過這些神祇並沒有什麼大不了。
一神論最關心的是「唯一真神確實存在，祂想要我做什麼？」
但佛教的討論重點是「痛苦確實存在，而我要如何從中得到解脫？」
這確實是一項根本的不同。佛教並不否認有神祇存在，也認為祂們有強大的神通，能夠帶來降雨或勝利。
然而，對於「苦由欲起」這條法則，這些神祇也無能為力。
人要是無欲無求，就算是神祇，也無法讓他們感到痛苦。但得小心！只要人一有了欲望，從那刻開始，宇宙裡的任何神祇都無法拯救他脫離痛苦。

話雖如此，無論是佛教或其他信奉自然律
的宗教，也並未擺脫神祇崇拜。
佛教徒有99.99%都無法達到涅槃。
印度教諸神
西藏苯教諸神
日本神道教諸神
儘管他們還是希望能在今生或來生達到涅槃，但在日常生活中，
多半還是會追求各種世俗的成就。而為了這些日常的目標，就會向不同的神祇求助……

慢慢的，各個佛教派系就發展出了
全套的滿天神佛——這些佛陀菩薩
已經能夠達到涅槃，但等等……
他們就是不跨出這一步！正是為了救度輪迴裡的
芸芸眾生，於是倒駕慈航、迴入娑婆。
結果就是：許多佛教徒不去
崇拜神祇，反而是求助這些
已開悟、但尚未成佛的人。
我們也就會看到，東亞有許多佛陀菩薩
整天忙著降雨、阻擋瘟疫，甚至是贏下
血腥的勝利……
全都是信眾用祈禱、
各色鮮花、焚香、
米食及甜品求來的。

大家一定在想，是誰把這套相同的
基本觀念傳到這麼多國家？
颼！
又是誰讓幾十億人接受了
同樣的價值觀、規範與法則？
不用再想了，
比賽結束！
颼！
真正在背後操縱歷史的，
就是宗教！
當然，有時候也難免
得用點暴力……
畢竟要控制人類整體，
哪有可能永遠不失手、
不付點代價……
啪嗒！
但大致來說，都還是能和平解決，像是就我所知，
耶穌和佛陀自己從來沒有揮劍上場……

各位得承認，我沒有帝國女士那麼殘忍，也沒有美元隊長那麼貪婪。對吧？
大家可以客觀想一想？
颼！
是啦，建教堂、蓋寺廟有可能得花上不少錢，很多神職人員手腳也不乾淨……
但宗教的傳播，一大部分不都是身無分文的苦行者完成的？
結論很清楚了：要說暴力和貪婪，我遠遠比不上我那些競爭對手！但我的成就還是比他們更偉大！
我唯一的敗筆，就是最近那些討厭的無神論者……
好啦，好啦，我也可以同意啦……
但再給我一點時間，我保證能完成任務，將全人類統一起來！

天空人，感謝你精采的表現！
那麼我可愛的評審團，在投票之前，還有什麼最後的意見要發表嗎？
天空人的報告十分精采，但我還是覺得，宗教不太可能真的統一人類。
在最近這幾個世紀，世界各地的宗教勢力與所扮演的角色，都遠遠不如以往……天空人的輝煌歲月似乎已經過去……
恕我直言，愛子。現在全球仍有幾十億人相信《古蘭經》、《聖經》或《吠陀經》。
在大多數國家，沒有宗教信仰的人都只是少數。
這裡信上帝的，麻煩請舉個手？
抱歉，神父，但信不信神，不是嘴上說了算。真正該問的是：在大家遇到實際問題的時候，會向誰求助？
如果可以讓我再用一次事實查核機，就能再幫大家解釋一下。
天空人，可以請你一起來嗎？
颼！
沒問題！

馬雅城邦提卡爾，
十五世紀。
在現代之前，人類遇到各式各樣的問題，都是依賴宗教解決。
比方說在農業方面，農民就是用神聖的曆法來決定什麼時候該播種、什麼時候收成。
當然是這樣！而且如果農民希望雨水充足、蟲害不生，也會來到地方神廟，請那些專門人士舉行祈福儀式。
而一旦面臨農業災害威脅的時候，農民又會怎麼辦？
當然是請祭司代表自己，去和與眾神對話……
大祭司，我不行了！我們的作物都生了一種奇怪的病！
而且到底什麼時候才會下雨！！拜託去和神靈講一下！

醫學也是在宗教底下
發展起來的。
颼！
颼！
沒錯！以前的先知、大師與薩滿，
幾乎都會同時擔任醫病的角色。
當時曾接受拿撒勒人耶穌治療的病人，
他們的後代到現在還是津津樂道……
耶穌花了超多時間，
忙著讓瞎子重見光明、
啞巴開口說話、
瘋癲的人恢復理智。
你說對吧，
我親愛的克呂格？
呃，這個嘛……
這當然對，當然
是這樣！
而古埃及人生病的
時候，也會到神殿裡
去祈求祭司與諸神
的協助。
到了幾千年後的中世紀歐洲，這種情況依然常見。
比起上醫院，病人更常做的是踏上朝聖之旅，
前往教堂或修道院。

但天空人啊，最近幾個世紀這一切已經變了！雖然現在還是有幾十億人信奉著某個神，也把《聖經》、《古蘭經》或《吠陀經》奉為經典……
但碰上農業或醫療的問題，現在求助的是科學！
現在的埃及要是碰上蝗災，雖然一定還是會有些埃及人祈求阿拉幫助……
但大多數人會找的是化學家、昆蟲學家、遺傳學家，希望他們研發更強力的殺蟲劑、更抗蟲害的新品種小麥！
如果有個現代的印度教小孩生了重病，雖然父母還是有可能向醫神曇梵陀利祈禱，並在當地的寺廟供奉糖果鮮花……
但肯定還是會先把小孩帶到最近的醫院，讓醫師來照顧！
就連宗教治療師死守的最後堡壘——心理健康問題，現在也交給了精神科醫師來處理。
有百憂解來取代驅魔儀式，真是萬幸！

接受事實吧，天空人！傳統宗教節節敗退，就是因為處理起農業與醫療，真的不在行。
拜託！祭司或神父真正的能力，才不是跳什麼祈雨舞來結束旱災！
而是舌粲蓮花，解釋為什麼祈雨失敗，並說服信眾必須繼續相信眾神，雖然眾神好像對我們的祈禱充耳不聞。
這些神職人員最厲害的地方是說故事，而不是農業或醫學。
真的，不唬爛！這些神職人員最高明的一點，就是用各種不同的說法重新詮釋證據、給自己的失敗找藉口。
嘻嘻！
哈哈哈！
嘻嘻！
相較之下，科學家比較願意承認失敗。只要自己的理論被證明有誤，科學家就會趕快去嘗試不同的做法。正是這樣，才讓科學家慢慢學會如何種出更好的作物、研發出更好的藥物！
哈哈哈！
嘻嘻！

比起來，那些祭司、神父或大師之類，就只是學會怎樣找出更好的藉口。
再虔誠的信徒，也終於注意到了這種差異。這也就能解釋，為什麼在愈來愈多生活領域當中，宗教都失去了權威。
雖然全世界的人講到宗教還是各有定見，但所有人都用著同一套科學方法來種植作物、以及防治害蟲、應對乾旱、治療疾病。
一點沒錯！講到經濟問題也是一樣。
當然，講到經濟，古代宗教是有它們的看法……
而現代領導人也常常還是予以尊重！
是也沒錯！
HOLY BIBLE

但只要再看仔細一點，天空人，
你就會發現宗教思想的位置
只能排在後面，首席的位子還是
交給現代經濟理論。
不論是伊朗的什葉派領袖、沙烏地阿拉伯的遜尼派
領袖、以色列的猶太領袖、印度的印度教領袖、或
美國的基督教領袖，大家所遵循的經濟理論都大同
小異，而且多半是出於現代經濟學家之手，而不是
《聖經》、《古蘭經》或《吠陀經》……
亞當斯密
馬爾薩斯
杜芙洛
彌爾
馬克思
歐斯壯
凱因斯
傅利曼

金融危機來了，
我們該怎麼辦？
呃，我就是
問問啦……
你們手上那些神聖經書裡面，有沒有什麼建議
能處理債券市場的問題，還有提高國家GDP？
我們這本講的多半只是怎麼治痲瘋、
怎麼讓人起死回生，恐怕……
或許問問看那邊
那兩位……
拜託，傅利曼，
你確定增加貨幣供給
就能刺激總體需求？
你有沒有考慮到名目利率
和通膨率的問題？

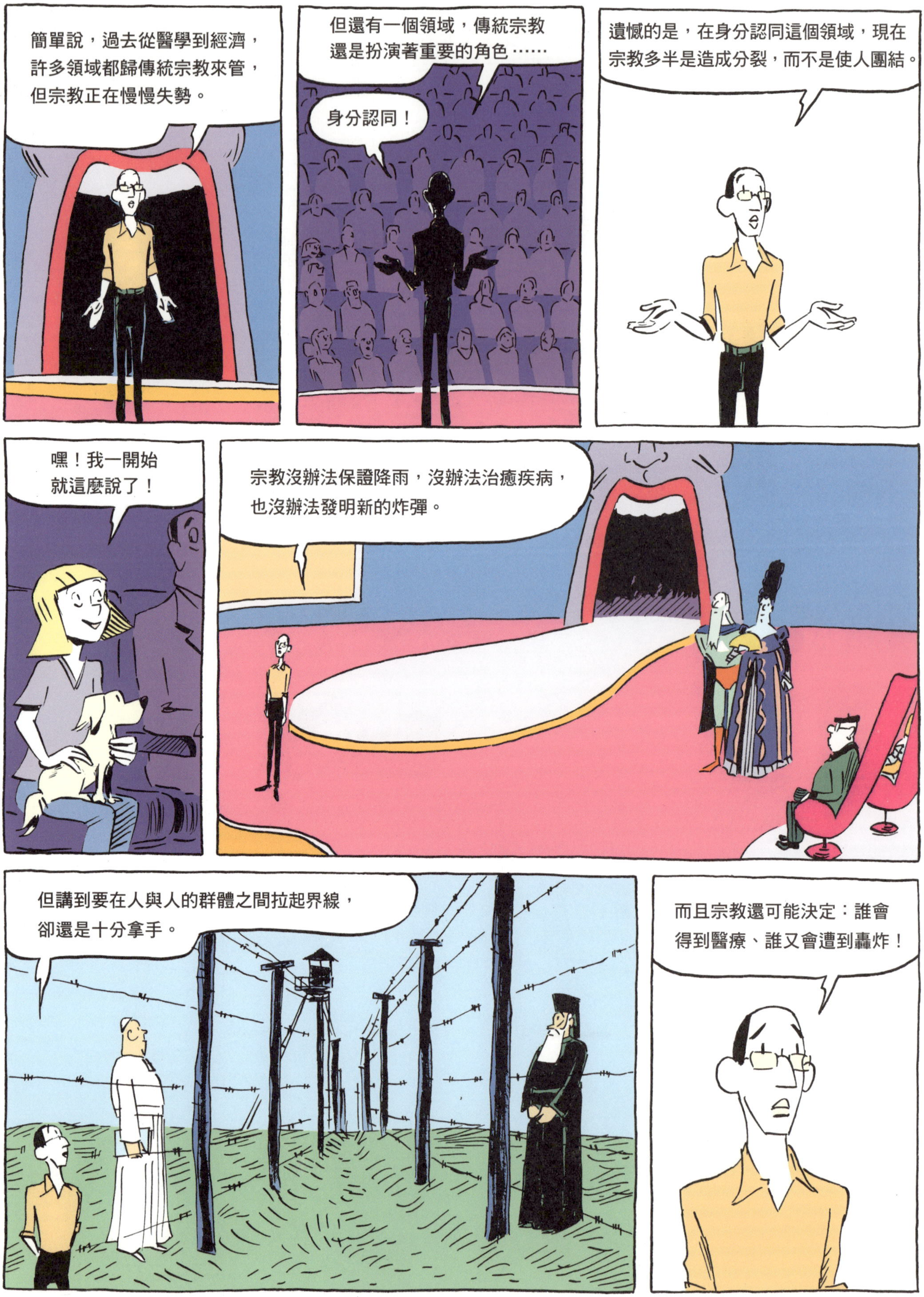
簡單說，過去從醫學到經濟，許多領域都歸傳統宗教來管，但宗教正在慢慢失勢。
但還有一個領域，傳統宗教還是扮演著重要的角色……
身分認同！
遺憾的是，在身分認同這個領域，現在宗教多半是造成分裂，而不是使人團結。
嘿！我一開始就這麼說了！
宗教沒辦法保證降雨，沒辦法治癒疾病，也沒辦法發明新的炸彈。
但講到要在人與人的群體之間拉起界線，卻還是十分拿手。
而且宗教還可能決定：誰會得到醫療、誰又會遭到轟炸！

宗教很擅長讓人覺得自己是特別的天選之人。
而手段就是舉行各種的典禮與儀式。
所以，正統派穆斯林與正統派猶太人會有不同的穿著……
背誦不同的禱文……
……還有不同的禁忌。
這些宗教傳統既讓人對自己的教派忠誠，也營造出對其他教派的不信任。
哈拉瑞，你這樣講就太過分了！怎麼都不提傳統宗教那些高尚的美德！
當然，完全不講宗教的優點也不公平。親愛的克呂格，我正要說到這一點呢。

各種宗教慣例與儀式確實也有好處，
常常能讓日常生活充滿美的事物，
也鼓勵民眾積極向上、心懷仁慈。
像是在市集、辦公室與工廠的一片嘈雜中，
穆斯林宣禮員就會每天五次吟詠出悠揚的音調，
呼喚穆斯林放下日常忙碌，讓自己與永恆的真理相連。
猶太家庭在每週五晚上，也會共進一頓
特別的晚餐，這是與所愛的人一同感受
歡樂、感恩惜福、親密相處的時光。
每週日早晨，
基督教唱詩班也會用歌聲，
為數百萬信眾的生活帶來希望，
在社群中建立起彼此的信任與情感。
而在印度，印度教每日的供奉儀式
與吟誦真言，也有同樣的效果。

然而，如果本節目要選出的贏家是最能團結全人類、而不只是團結某個特定的國家，天空人在這方面就還差得很遠。
感謝哈拉瑞的發言！感覺愛子也有話想說？
是的，請容我講兩句！我最後想用日本史上的一個例子，指出宗教在現代身分認同的塑造上，依然扮演著重要的角色。
故事要從1853年說起，那是日本史上非常重要的年代。
就在那一年，一位美國海軍准將率領四艘軍艦駛進江戶灣——江戶就是後來的東京。他們逼迫日本結束鎖國，向現代世界開放。

日本幕府的回應是推動了一場驚人的現代化運動。
短短幾十年，日本就靠著最新的科學理論與技術發明，
從封建農業社會一躍成為先進的工業強國！

日本憑藉這股工業實力，一舉將陸軍與海軍現代化，
擊敗了中國與俄羅斯，征服了臺灣、朝鮮、以及其他
許多領土……

最後在珍珠港回敬了美國艦隊，摧毀了各個歐洲帝國
在遠東的勢力，接下來幾年間，幾乎整個東亞都處於
日本的殘酷統治之下……

聽起來，講到要複製西方的現代化模式，
日本堪稱世界冠軍……
或許會有人這麼想……但日本其實也沒有真的完全複製西方模式。
事實上，日本根本一心想要保全自己獨特的身分認同。
而要實現這項目標的祕密武器，既非科學、也非工業，而是宗教。
乍看之下，日本傳統的神道教似乎與現代世界格格不入。
神道教就像是把各種神靈精怪的泛靈信仰，都給拼湊在一起。每個村莊、每座寺廟都有自己偏好的神祇與地方風俗。

然而，隨著日本推動經濟與軍隊的現代化，也重新塑造了神道教。先是創造出一個集權中央的官方版神道教，取代原本許許多多不同的地方傳統。
謝謝！
官方版新神道
為了找出到最有效的配方，日本政府把這種新的官方神道教，結合各種民族主義與種族主義概念，有許多還是借用自歐洲帝國主義。
絕對能凝聚國家忠誠的黏著劑
除此之外，還添加了各種其他玩意：放點佛教、來點儒家，再加上一些封建武士道的概念。
而最後的點睛之筆，則是日本政府給神道教加了一條全新的最高原則——天皇崇拜。他們說天皇是天照大神的直系後裔，就是一位活在人間的神！
愛子，我確認一下我有沒有聽錯……要把國家現代化，結果方法是挖出一堆封建傳統和古老的泛靈信仰？這不是有點矛盾嗎？
表面上看來確實很矛盾，會讓人覺得這哪說得通。
但沒想到效果好得像在變魔術！日本不但迅速邁向現代化，還能發展出與所有其他現代國家截然不同的特色，並且國民極度愛國！
要嚐一點嗎？
謝了，先不用！

這種結合了現代性與宗教的代表，或許就是神風特攻隊。
當時距離美蘇科學家發明智慧炸彈和精確的遠程飛彈還要幾十年，而日本就已經創造出世界上最聰明的拋射型武器，擊沉了幾十艘同盟國的船艦。
靠的正是飛行員懷抱著夠強大的宗教信仰，願意自我犧牲。
日本人發現，
把最新現代科技與高濃度的
宗教信仰，結合在一起，
這樣的配方實在強大無比。

無論是有心或無意，直到現在，許多現代政府依然是在模仿日本的做法。一方面運用普世皆同的科學知識來製造炸彈，另一方面也用地方性的宗教傳統，來鼓勵那些投彈手。像是俄羅斯的東正教……
波蘭的天主教……
伊朗的伊斯蘭教什葉派……
沙烏地阿拉伯的伊斯蘭教瓦哈比派……
以色列的猶太教……
這些國家都是靠著宗教，才既能推動國家的現代化，也能保有獨特的民族認同。

宗教雖然看起來老掉牙，但只要靠著一點想像和重新詮釋，幾乎總能與最新的科技小玩意和最複雜的現代機構制度完美配合。
有些時候，現代國家也能成功創造全新的宗教，為自己打造出獨一無二的身分認同。或許當代最極端的例子，就是前日本殖民地北韓。北韓強迫灌輸給國民的「主體思想」，正是一種狂熱的官方宗教。
這種宗教結合了馬列主義、古老的朝鮮習俗、相信朝鮮族有獨特純潔性的種族主義信仰、以及對金日成血統的崇拜。
雖然沒有人號稱金氏家族是哪位太陽神的後裔，但比起對其他的神，北韓人民對金氏家族的宗教崇拜狂熱，有過之而無不及。

愛子，這段解釋真是太精采了，感謝你！
啾！啾！啾！
如果我沒有誤會，咱們的天空人與現代社會還是息息相關。
沒錯，講到身分認同，宗教還是一如既往的重要。但也別忘了，現在宗教主要的影響是讓人類分裂！
雖然宗教有時候也接受普世價值觀，並聲稱這些價值是某種宇宙真理，但現在，許多宗教已經淪為現代民族主義的幫兇了！
哼！

像是氣候變遷，明明是全球議題，
但伊朗的什葉派領導者還是鼓勵國民
只從狹隘的伊朗角度來思考。
沒錯，像是印度教的祭司
也希望信眾優先考量印度
的利益。
俄羅斯東正教的神父也呼籲
俄羅斯人，只做對俄羅斯最
有利的事。
各位親愛的朋友，
你們說話太傷人了。
肯定還是有些宗教人物，
心存著真正的普世願景。
當然呀，克呂格。
這樣的宗教人物很多，
像你就是呀。
但遺憾的是，在現在這
年代，這樣的人物幾乎
都沒什麼政治實權。

我們的豪華評審團，給分的時間到了！
這場精采的比賽，誰是最後的贏家？究竟是誰在操縱歷史，把原本幾千個各自孤立的人類部落，融合成今日的地球村？提醒各位，之前帝國女士和美元隊長以32分並列第一！
這一次可能就決定勝負了！
對最後這位天空人，請給分！！
8
6
8
10
不會吧！來這套？又一個32分！
讚啦！誰敢說我不行了！

哎呀，各位親愛的，這樣不行啊！哪能大家都同分？
8
6
8
10
比賽還是要有優勝者啊！
呃⋯⋯為什麼只能有一個人贏得比賽啊？
這三位參賽者都對世界的團結很有貢獻，但又各有不足之處，實在是很難說誰比誰更重要。
世界就是這麼複雜，有各種力量的拉扯、不同過程的影響。只想用單一因素來解釋，幾乎不可能。
我們也得得承認，現實真的太錯綜複雜了，而我們一定得追求科學的準確性。
科學的準確性算什麼啦！節目最重要的是有趣好看啊，各位親愛的⋯⋯
這樣到底誰是優勝者？
有人叫我嗎？
蛤？你哪位？！
我就是你那個重大問題的解答！

各位真的想知道，是誰成功統一了全人類？答案才不是什麼帝國、金錢、或宗教……
而是我，科學俠！
是我，讓人類有了新的交通與溝通方式！
是我，把整個地球變成一個地球村！
也只有我，打破了所有政治、經濟和宗教上的分歧！
哇塞，有人還真是自信心爆錶啊！
你腦袋還正常嗎？沒有燒壞吧？
你愛怎麼說就怎麼說，我早就習慣了……

但在如今這個世界，想建立帝國，
會叫物理學家來做炸彈。
想發財，會叫工程師來蓋工廠。
想要傳播某個神祇
或大師的話語，
會叫電腦科學家
來寫程式碼！
而且不是我要說……你們
今天要找出誰是歷史操縱
大師的時候，不也是找來
一群科學家當評審嗎？
難道我有
說錯嗎？
被打臉了！
以後可不能
再找科學家來
上節目了！
那你說吧，你有
什麼祕訣？
你到底是怎麼做到
帝國女士、美元隊長
和天空人都沒做到
的事？你是怎麼
統一世界的？
嗯？
說呀！
喀
喀
喀
呃，這是很長很長的故事喔，
最早的時候……
先等等！請容我打斷，
我們節目的時間快到了！

太可惜了！我有很多話想說耶……
我保證，我的故事會讓你腦洞大開！統一世界？那只是我最小的成就啦，簡直就是個餘興節目而已。
你哪來的膽子，說我的節目只是餘興節目？
大姐啊，眼光放遠一點嘛！
統一地球？那只是一道前菜！
你難道不想知道，人類怎麼會只花了短短五百年，就從帆船發展到太空船、從弓弩發展到原子彈、從狗皮膏藥發展到基因編輯？
你難道不想知道人類接下來會有怎樣的發展，或者講得更準確一點，是人類未來那些半機械人後代會何去何從？
想知道這些答案，就請跟我來，一起參與這場……

《人類大歷史：知識漫畫》
精采預告
哼！
她好煩！
……科學革命！

誌謝

這本知識漫畫的創作，是結合全球團隊合作的成果。
在此感謝下列人士，有他們的合作與心力，才讓這項出書計畫成為可能：
感謝 David Vandermeulen 和 Daniel Casanave，投入全心全意，與我共同創作這本知識漫畫。我們至今已經整整合作三本書，但他們好笑的笑話和講故事的創意，還是令我驚嘆連連。我們一路走來，一起找出新的角度來重新講述人類的故事，實在令人愉快。
感謝 Martin Zeller 與 Marion Jablonski，編輯時仔細又認真。
感謝 Adriana Hunter，將文本由法文翻譯校潤為漂亮的英文。
感謝 Claire Champion，為插畫上色而使之栩栩如生。
感謝 Lauren Triou 與 Agathe Camus，讓我們的多語跨國團隊得以有效合作；感謝 Albin Michel 出版社團隊使合作成真。
感謝 Sapienship 的製作團隊，讓本系列套書又有全新一冊面世：
執行長 Naama Avital；行銷長 Naama Wartenburg；負責協調底稿創作的 Ariel Retik；由 Jason Parry 所帶領的研究團隊：Jim Clarke、王子嬋（Zichan Wang）、Dor Shilton；以及 Hanna Shapiro、Shay Abel、Daniel Taylor、Michael Zur、陳光宇（Guangyu Chen）、Nadav Neuman、Tristan Murff，以及 Galiete Katzir。
感謝 Adi Moreno，除了提供關於多元性與性別的建議，還提供其他關於內容的協助。
感謝母親 Pnina Harari，給我這一輩子的支持與鼓勵。
感謝我深愛的先生、也是 Sapienship 的共同創辦人 Itzik Yahav，感謝他的創意、能量、勇氣與信任。

—— Yuval Noah Harari（哈拉瑞）

感謝 Martin Zeller。
—— Daniel Casanave（卡薩納夫）

譯者簡介

林俊宏

臺灣師範大學翻譯研究所博士。

喜好電影、音樂、閱讀、閒晃，覺得把話講清楚比什麼都重要。

譯有《人類大歷史》、《人類大命運》、《21世紀的21堂課》、《連結》、《大數據》、《大數據資本主義》、《人類大歷史：知識漫畫》（合譯）等書。

顏志翔（卡勒）

臺灣師範大學翻譯研究所碩士。斜槓音樂劇演員。

譯有《攝影達人的思考》、《明天別再來敲門》、《暴雨荒河》、《人類大歷史：知識漫畫》（合譯）等書。

近年與臺中歌劇院合作，譯有《搖滾芭比》、《一個美國人在巴黎》等演出字幕。

科學文化 213

人類大歷史：知識漫畫 3 ── 歷史主宰

〔特別說明〕
科學的美妙之處，正在於會不斷演化：總是有新的發現，持續改變我們對世界的認知。
本書作者與編輯團隊已努力確保，書中再現的歷史事件符合寫作當下最新的科學研究結論。
有些特定證據的解讀，各方學者之間仍多有異見，而且可能永遠無法達成令人滿意的結論。
未來的發現與創新，都可能推翻我們對過去的理解，而我們也該期待出現這樣的突破。

原著 ── 哈拉瑞（Yuval Noah Harari）
范德穆倫（David Vandermeulen）合著、卡薩納夫（Daniel Casanave）繪圖
譯者 ── 林俊宏、顏志翔
科學文化叢書策劃群 ── 林和（總策劃）、牟中原、李國偉、周成功

副社長兼總編輯 ── 吳佩穎
編輯顧問暨責任編輯 ── 林榮崧
封面構成暨美術編輯 ── 江儀玲

出版者 ── 遠見天下文化出版股份有限公司
創辦人 ── 高希均、王力行
遠見・天下文化 事業群榮譽董事長 ── 高希均
遠見・天下文化 事業群董事長 ── 王力行
天下文化社長 ── 王力行
天下文化總經理 ── 鄧瑋羚
國際事務開發部兼版權中心總監 ── 潘欣
法律顧問 ── 理律法律事務所陳長文律師
著作權顧問 ── 魏啟翔律師
社址 ── 台北市104松江路93巷1號2樓

讀者服務專線 ── 02-2662-0012 ｜ 傳真 ── 02-2662-0007, 02-2662-0009
電子郵件信箱 ── cwpc@cwgv.com.tw
直接郵撥帳號 ── 1326703-6號 遠見天下文化出版股份有限公司

製版廠 ── 東豪印刷事業有限公司
印刷廠 ── 中原造像股份有限公司
裝訂廠 ── 中原造像股份有限公司
登記證 ── 局版台業字第2517號
總經銷 ── 大和書報圖書股份有限公司 電話／02-8990-2588
出版日期 ── 2025年3月27日第一版第1次印行

定價 ── NT750元
書號 ── BCS213
ISBN ── 9786264172608 ｜ EISBN ── 9786264172554（EPUB）；9786264172561（PDF）
天下文化官網 ── bookzone.cwgv.com.tw

國家圖書館出版品預行編目(CIP)資料

人類大歷史：知識漫畫. 3, 歷史主宰 / 哈拉瑞(Yuval Noah Harari), 范德穆倫(David Vandermeulen)合著；卡薩納夫(Daniel Casanave)繪圖；林俊宏, 顏志翔合譯. -- 第一版. -- 臺北市：遠見天下文化出版股份有限公司, 2025.03
面； 公分. -- (科學文化；213)
譯自：Sapiens : a graphic history. 3, the masters of history
ISBN 978-626-417-260-8（平裝）

1. 文明史 2. 世界史 3. 漫畫

713 114002005

天下文化
BELIEVE IN READING